UTB

W0223668

Eine Arbeitsgemeinschaft der Verlage

Böhlau Verlag · Wien · Köln · Weimar
Verlag Barbara Budrich · Opladen · Toronto
facultas.wuv · Wien
Wilhelm Fink · München
A. Francke Verlag · Tübingen und Basel
Haupt Verlag · Bern
Verlag Julius Klinkhardt · Bad Heilbrunn
Mohr Siebeck · Tübingen
Nomos Verlagsgesellschaft · Baden-Baden
Ernst Reinhardt Verlag · München · Basel
Ferdinand Schöningh · Paderborn · München · Wien · Zürich
Eugen Ulmer Verlag · Stuttgart
UVK Verlagsgesellschaft · Konstanz, mit UVK/Lucius · München
Vandenhoeck & Ruprecht · Göttingen · Bristol
vdf Hochschulverlag AG an der ETH Zürich

Holger Walther

Abi, was nun?
Das richtige Studium finden

UVK Verlagsgesellschaft mbH · Konstanz
mit UVK/Lucius · München

Diplom-Psychologe Holger Walther ist Psychologischer Berater an der Humboldt-Universität zu Berlin. Er arbeitet außerdem als Psychotherapeut in einer eigenen Praxis.

Online-Angebote oder elektronische Ausgaben sind erhältlich unter www.utb-shop.de.

Bibliografische Information der Deutschen Bibliothek
Die Deutsche Bibliothek verzeichnet diese Publikation in der Deutschen Nationalbibliografie; detaillierte bibliografische Daten sind im Internet über <http://dnb.ddb.de> abrufbar.

Einbandgestaltung: Atelier Reichert, Stuttgart
Einbandmotiv: fotolia.com, © Sergey Nivens
Druck und Bindung: fgb · freiburger graphische betriebe, Freiburg

UVK Verlagsgesellschaft mbH
Schützenstr. 24 · 78462 Konstanz
Tel. 07531-9053-0 · Fax 07531-9053-98
www.uvk.de

UTB-Nr. 3906
ISBN 978-3-8252-3906-0

Vorwort

Jedes Jahr steht ein neuer Abiturjahrgang vor der selben Frage: wie soll es nun nach der Schule weitergehen? Ganz unterschiedlich sind die Vorstellungen: mal ganz klar und eindeutig, bei anderen aber auch unentschieden oder diffus. Ihnen stellt sich immer wieder die Frage, wie man herausfindet, was zu einem passt. Die Auswahl ist vielfältig und die eigenen Interessen breit gestreut. Gerade das macht aber eine Entscheidung nicht leichter. Zu wissen, dass es ein Studium sein soll, stellt einen ersten, wichtigen Entschluss dar. Immerhin wollen fast 70% der dazu Berechtigten studieren. Doch auch diese Entscheidung verringert die Optionen kaum merklich, wenn es schließlich 15.000 verschiedene Studiengänge an fast 400 Hochschulen verteilt auf die ganze Bundesrepublik gibt.

Doch auch viele, deren Entscheidung schon länger zurückliegt und die bereits studieren, finden sich erneut an einem ähnlichen Punkt wieder. Wenn nämlich die ersten Erfahrungen an der Hochschule mehr oder weniger deutlich zeigen, dass das Studium so gar nicht zu einem passt und man scheinbar die falsche Wahl getroffen hat. Zurück an den Anfang – doch dieses Mal muss eine sichere Wahl getroffen werden, denn noch ein Neustart ist indiskutabel. Dieser Anspruch jedoch verhindert häufig eine Neuorientierung, die gleichzeitig als so wichtig und zwingend empfunden wird.

Zunächst durchaus beruhigend könnte sich eine Auffassung auswirken: unsere Arbeitswelt ist mittlerweile derart im Wandel, so dass die Entscheidung für ein Studienfach nicht automatisch den gesamten Lebensweg festlegt. Alte Berufsbilder und deren konkrete Umsetzung im Arbeitsalltag verändern sich, neue Arbeitsgebiete entstehen nicht nur aufgrund der technischen Entwicklungen. Doch ein fester Bestandteil in diesem Gefüge sind Sie mit Ihrer Persönlichkeit, mit Ihren Interessen und Fähigkeiten. Auch diese können durchaus wandlungsfähig sein, sich entwickeln und verändern, aber im Kern bleiben sie Ihnen erhalten. Daher ist es für die meisten der größte Wunsch, einen Beruf zu ergreifen, der richtig zu einem passt und der dann glücklich und zufrieden machen soll.

Sicher ist es auch Ihre Vorstellung, bei der Studienwahl zu einer authentischen Entscheidung zu kommen, bei der Sie am Ende behaupten können, sich selbst treu geblieben zu sein. Genau dabei will dieses Buch Sie unterstützen. Mit einem Paket aus bewährten Methoden gelingt es Ihnen, die verschiedenen Aspekte der Studienwahl zu berücksichtigen. Dabei ist es wichtig, sich selbst in den Mittelpunkt zu stellen und bei der Suche die Anderen in gewissem Rahmen als Infoquelle und Ratgeber zu nutzen. Es ist das Ziel dieses Buches, Sie durch einen fundierten Entscheidungsprozess zu begleiten, hin zu einer Entscheidung, mit der Sie leben können. Denn am Ende werden Sie es sein, die hauptsächlich mit der Entscheidung leben muss.

Ich bedanke mich bei all den Ratsuchenden, die es mir möglich machten, sie in ihrem Entscheidungsprozess zu begleiten, in dem sie mir einen tiefen Einblick in ihre persönliche Situation erlaubten. Ohne sie hätte es dieses Buch nicht geben können.

Mein Dank gilt auch meiner Kollegin aus der Allgemeinen Studienberatung der Humboldt-Universität zu Berlin, Frau Dr. Benita Bischoff, deren Anteil an den gemeinsam durchgeführten Veranstaltungen mir so viele bedeutsame Einzelheiten aus der Welt der Studiengänge näher gebracht hat.

Holger Walther, Berlin im April 2013

Inhalt

Teil I: Alles, was Sie über die Entscheidung wissen sollten

Prognosen sind schwierig, besonders wenn sie die Zukunft betreffen.

Nils Bohr, dänischer Physiker und Nobelpreisträger, 1995–1962

1 Grundsätzliches

Entscheidungen sind unglaublich vielfältig und können die unterschiedlichsten Folgen haben: So gibt es Entscheidungen im Leben, die lebensbedrohlich und nicht revidierbar sind. Die Tragweite dieser Entscheidungen ist also sehr groß. Aber es gibt eben auch die vielen kleinen, alltäglichen Entscheidungen, die bereits morgen ohne Bedeutung sind. Die Studienwahl liegt irgendwo dazwischen: sie bestimmt den Weg der nächsten Jahre, muss aber nie endgültig und unveränderbar sein. Das zeigen die vielen unterschiedlichen Lebensläufe, in denen sich Karrieren Stück für Stück entwickeln oder in denen radikale Brüche zu finden sind. So etwas kann aus einer Not heraus, wie etwa einer Arbeitslosigkeit, geschehen, aber natürlich ebenso auch selbst gewählt sein.

In diesem ersten Teil des Buches werden Sie viele quälende Gedanken und Gefühle zur Studienwahl wiederfinden und andere beschrieben sehen. Denn es wird darum gehen, die Vielfalt des Entscheidungsprozesses zu reflektieren. Schon hier wird deutlich, dass eine fundierte Entscheidung mit viel Aufwand verbunden ist. Doch im Hinblick auf das, was Sie dafür bekommen, lohnt die Energie, die Sie in Ihre Studienwahl investieren. Das beginnt, wenn Sie nach dem Lesen dieses ersten Teils konkrete Hilfestellungen bei der Wahl eines Studienfaches im dem zweiten, deutlich umfangreichen Teil dieses Buches bekommen. Arbeiten Sie die einzelnen Schritte sorgsam durch. Nehmen Sie sich damit genügend Zeit für Ihre Studienwahl und profitieren Sie am Ende von einer Entscheidung für Ihre Zukunft.

1.1 Die Qual der Wahl

Eine Entscheidung wird immer dann von uns gefordert, wenn es mehrere Möglichkeiten gibt, eine Idee oder ein Vorhaben umzusetzen. Das reicht von so banalen Dingen wie bei einem Blick ins Tagesprogramm einer Zeitung, um zu entscheiden, welche Fernsehsendung oder welchen Kinofilm man sehen will, bis hin zu deutlich weit reichenden Entscheidungen, wie etwa die Entscheidung für einen bestimmten Beruf oder eine Ausbildung. Dementsprechend erlauben wir es uns, manche Dinge aus dem Bauch heraus eher spontan zu entscheiden, während wir anderes aufwändig abwägen und dafür eine mehr rationale Vorgehensweise wählen. Dies geht nicht ohne eine sogenannte Entscheidungskompetenz. Dahinter verbirgt sich die Fähigkeit, in Frage kommende Alternativen sachlich zu ergründen, um nicht Gefahr zu laufen, voreilige Schlüsse zu ziehen oder eine zu stark emotionale Entscheidung zu treffen. Erstrebenswert finden es viele, insgesamt eine gewisse Entschlossenheit an den Tag zu legen: ist erst eine Entscheidung gefällt, setzen sie diese konsequent um und bereuen sie später auch nicht.

Sicher ist es auch Ihr Wunsch, die Entscheidung für einen Studiengang gut überlegt zu haben und dabei in erster Linie kein wichtiges Argument und auch kein Gefühl außer Acht gelassen zu haben. Dann haben Sie sich für die rationale Vorgehensweise entschieden, die mit einem gewissen Aufwand verbunden ist. Das Besondere an diesem Buch ist es, dass bei dieser Vorgehensweise dennoch emotionale Argumente und spontane Ideen nicht zu kurz kommen, damit so eine Ausgewogenheit entsteht. Auch diese werden angemessen berücksichtigt und geben Ihnen das berechtigte Gefühl, an alles gedacht zu haben.

Idealerweise folgen Entscheidungen einem bestimmten Ablauf, um zu garantieren, nichts Wichtiges übersehen und möglichst an alles gedacht zu haben. Dieser Ablauf sieht allgemein formuliert wie im folgenden Abschnitt gezeigt aus.

1.1.1 Die Phasen einer Entscheidung

Versucht man, einen allgemeinen Ablauf zu beschreiben, der bei den meisten Entscheidungsprozessen zu beobachten ist, dann zeigt sich, dass wir bei Entscheidungen eigentlich **fünf Phasen** durchlaufen. Da dies eher unbewusst und automatisch abläuft, möchte ich Ihnen die Phasen vorstellen, damit Sie daran auch den Aufbau des Buches nachvollziehen können. Denn mit Hilfe dieses Buches werden Sie die fünf Phasen bewusster und gezielt durchlaufen.

> ✱ Die Phasen einer Entscheidung
>
> **Phase 1**
> *Feststellen eines Bedarfs, eines Wunsches, eines Bedürfnisses oder einer Idee*
>
> **Phase 2**
> *Herausfinden und Beschreiben der möglichen Alternativen*
>
> **Phase 3**
> *Beurteilung der wahrscheinlichen Konsequenzen für jede Alternative und Entscheidung*
>
> **Phase 4**
> *Umsetzung*
>
> **Phase 5**
> *Prüfung mit dem Ergebnis: Beibehalten oder Revidieren*

Phase 1
Feststellen eines Bedarfs, eines Wunsches, eines Bedürfnisses oder einer Idee

In dieser Phase wird eine Idee geboren, ein Wunsch geäußert oder eine Notwendigkeit formuliert, weil es einen konkreten Bedarf für eine Veränderung gibt. So ist es für Sie vielleicht selbstverständlich, mit dem erworbenen Abitur nun auch zu studieren. Also muss ein Studiengang gefunden werden. Oder Sie haben längere Zeit überlegt, und etwa nach einer schon absolvierten Berufsausbildung und Berufstätigkeit doch noch den Wunsch verspürt, einen stärkeren intellektuellen Schwerpunkt zu bekommen. Es ist nicht ganz so dringend einen Studiengang zu finden, denn in diesem Fall wäre es mehr ein Wunsch als eine unbedingte Konsequenz. Anders dagegen wiederum, wenn Sie bereits studieren, aber mit dem Studienfach oder den Studieninhalten unzufrieden sind und deshalb darüber nachdenken, ob es nicht doch ein anderes Fach sein sollte. Hier kann man nicht mehr von einem Wunsch sprechen. Denn es gibt einen akuten Bedarf nach Veränderung, der entsprechendes Handeln notwendig macht. Dies beschreibt die nächste Phase.

Phase 2

Herausfinden und Beschreiben der möglichen Alternativen

Bevor man etwas entscheiden kann, muss man erst einmal die möglichen Optionen kennen. Für Studiengänge gilt: welche Fächer kommen in die engere Wahl und habe ich die Möglichkeit, diese zu studieren? Eine genauere Beschreibung bedeutet etwa: wo gibt es das Fach, was wird darin tatsächlich gemacht und welche Anforderungen sind unbedingt notwendig?

Ein Kühlschrank-Beispiel zeigt, dass ich zwar auf etwas Appetit habe, nämlich Käse, dass aber erst der tatsächliche Blick in den Kühlschrank mir die vorhandenen Möglichkeiten in Form verschiedener Käsesorten vorführt, aus denen ich auswählen kann. Denn wer kann immer auswendig wissen und garantieren, was sich hinter der verschlossenen Kühlschranktür verbirgt? In einer Familie oder einer WG können sich die Optionen im Kühlschrank schnell verändern. Finden Sie also heraus, welche Alternativen wirklich zur Verfügung stehen.

Phase 3

Beurteilung der wahrscheinlichen Konsequenzen für jede Alternative und Entscheidung

Diese Phase beschreiben viele als die schwierigste Phase, da unsere Erfahrung zeigt, dass die Erstellung einer Liste mit allen gefundenen Beschreibungen nur selten den gewünschten Aha-Effekt und damit automatisch eine Entscheidung bringt. Eher pendeln wir zwischen den Alternativen hin und her und heben einzelne Argumente immer wieder unterschiedlich hervor. Darüber hinaus sollen wir auch noch einen Blick in die Zukunft werfen und vorhersagen können, was die Folgen der jeweiligen Alternative sein werden, etwa die Berufschancen eines konkreten Studiengangs. Häufig bleibt dann genau an dieser Stelle die Entscheidung stecken, weil solche Vorhersagen so schwer, wenn nicht sogar unmöglich sind. In → Teil II arbeiten Sie daher eine eigene Sammlung möglicher Konsequenzen durch, womit Ihnen die notwendige persönliche Beurteilung gelingen wird. Damit haben Sie dann eine umfassende Entscheidungsgrundlage.

Phase 4
Umsetzung

Ist eine Entscheidung gefällt, sollte irgendwann danach die konkrete Umsetzung beginnen. D.h. ein Ereignis setzt tatsächlich ein und Sie sammeln damit Erfahrungen. Im Kühlschrank-Beispiel bedeutet dies: Sie legen den ausgesuchten Käse auf eine Brotscheibe, beißen ab und probieren damit diese Kombination. Sie nehmen noch mehrere Bisse und stellen immer mal wieder fest, wie gut es Ihnen schmeckt. Für Ihr Studienfach heißt dies: Sie haben sich beworben und dann begonnen, zu studieren. Sie lernen die Hochschule und das Fach tatsächlich kennen und sammeln viele Erfahrungen, beispielsweise zu den tatsächlichen Inhalten der Seminare und vielleicht auch Informationen zu den Berufsaussichten.

Phase 5
Prüfung mit dem Ergebnis: Beibehalten oder Revidieren

In dieser Phase ist quasi alles vorbei und man weiß, was aus einer Sache letztendlich geworden ist. Man kann nun die ursprüngliche Entscheidung an ihrem Ergebnis messen und sie im günstigen Fall beibehalten. Ist aber das gewünschte Ergebnis jedoch nicht zufriedenstellend oder sogar gar nicht eingetreten, dann wäre es komisch, trotzdem alles so zu lassen. Dann ist es sinnvoll, die Entscheidung neu zu überdenken und anzupassen. Denn die gemachten Erfahrungen können und dürfen Sie nicht einfach ignorieren. Dazu noch mal das Käsebeispiel: Haben Sie eine gute Entscheidung getroffen, dann wird es Ihnen schmecken. Sie nehmen nämlich sehr gerne weitere Bisse oder belegen sogar noch eine zweite Scheibe mit derselben Sorte. Für zukünftige Mahlzeiten wissen Sie, dass diese Sorte eine gute Wahl bedeutet. Und entsprechend lautet die gegenteilige Konsequenz bei einer schlechten Erfahrung: schmeckt der Käse nicht, sollten Sie beim nächsten Mal unbedingt eine andere Sorte wählen und hätten damit die ursprüngliche Wahl revidiert.

Den Ablauf dieser fünf Phasen einzuhalten fällt bei dem Beispiel mit dem Kühlschrank nicht so schwer, denn die Käsesorten unterscheiden sich vielleicht nur wenig und, egal was man nimmt, satt würde man in jedem Fall. Bei der Studienwahl ist man in jeder der fünf Phasen deutlich mehr gefordert. Wenn alle Phasen bewusst durchlaufen wurden, können Sie von einer gründlichen Entscheidung ausgehen. Doch macht dieser schematische Ablauf auch einen häufig genannten Nachteil bei der Wahl des Studiums deutlich: es dauert ziemlich lange, bis Sie die Ergebnisse Ihrer Wahl überprüfen können. Schließlich liegen dann das Bewerbungsverfahren, vielleicht ein Umzug und mindestens das erste Semester hinter Ihnen. Das macht einen Teil der Unsicherheit aus und deshalb fragen sich Viele zu Recht: *„Wie soll ich denn heute wissen, ob ich in 10 Jahren immer noch damit zufrieden bin?“*

1.1.2 Was macht die Entscheidung so schwer?

Zu viele Möglichkeiten

Viele sind unzufrieden mit den immer größer gewordenen Supermärkten, in denen man inzwischen nicht nur Lebensmittel, sondern ähnlich wie in einem Kaufhaus sogar Kleidung, Haushaltswaren oder Handwerkerbedarf bekommt. Sie fühlen sich erschlagen von dem Überangebot und versuchen häufig gezielt, das meiste auszublenden, in dem sie eine einfache, aber wirkungsvolle Strategie entwickelt haben: sie nehmen sich vor, nur genau das einzukaufen, was auf einem zuhause geschriebenen Einkaufszettel steht. Der Vorteil: man muss nicht mehr durch alle Reihen laufen, sondern sucht nur die Ecken und Regale auf, in denen man die gewünschten Dinge bekommt.

An diesem Beispiel sehen Sie deutlich eine Bedingung unseres Gehirns: eine zu große Auswahl muss reduziert werden, denn je weniger Optionen bestehen, umso leichter mag es sich entscheiden. Ein erster grober Schritt zur Reduktion ist die Erkenntnis, dass nicht alle Möglichkeiten für mich persönlich relevant sind. Trinke ich beispielsweise keinen Alkohol, dann kann ich im Supermarkt gleich eine riesige Ecke aussparen. Und selbst eine verlockend klingende Auswahl an Käsesorten reduziert sich, wenn ich persönlich bedeutsame Kriterien anlege. Sollten Sie nur fettarmen Käse kaufen wollen, fällt nämlich auch hier der größte Teil schon mal weg.

Das Ziel ist es also, aus dem Überangebot eine grobe Auswahl zu treffen und am Ende auf 3–4 Möglichkeiten zu reduzieren. Und das funktioniert auch umgekehrt so: wenn Sie gar keine Idee haben, was Sie nehmen könnten, dann versuchen Sie auch, 3–4 Möglichkeiten zu finden. Gibt es nur eine Möglichkeit, dann ist ja eine Entscheidung überhaupt nicht möglich. Gibt es zwei Optionen, dann sind Sie in der Situation, die der Kommunikationswissenschaftler und Psychologe Paul Watzlawick die *Illusion der Alternativen* genannt hat, weil es ja nur ein Entweder-Oder gibt. Keines davon muss zwingend passend oder richtig sein. Erst ab drei Wahlmöglichkeiten empfinden wir eine Wahlfreiheit und können beginnen, die Möglichkeiten gegeneinander abzuwägen.

Dafür ist immer auch dagegen

Kennen Sie das auch aus einem Restaurant? Da gibt es mehrere leckere Gerichte, aber Sie können nur eines essen. Sobald Sie sich mehr für das eine erwärmen können, wird Ihnen deutlich, dass das andere auch ganz gut wäre. Und Ihnen wird klar: was immer ich auch nehme – das andere habe ich dann nicht.

Wir müssen uns wohl damit abfinden: wer sich für etwas entscheidet, hat sich im selben Atemzug damit auch gegen etwas anderes entschieden, auf das man nun verzichten muss. Aber vielleicht verpasse ich da ja auch etwas? Würde man sich für Medizin entscheiden, lernt man andere Fächer wie Germanistik oder Architektur nämlich nicht kennen. Oder bei der Entscheidung für ein Studienfach an einem bestimmten Ort können Fragen aufgeworfen werden: Woher weiß ich denn, ob ich nicht in Erfurt meinem Partner fürs Leben über den Weg gelaufen wäre, wo ich mich doch aber für Bremen als Studienort entschieden habe? Man fragt sich, ob das andere nicht besser wäre und genau aus der Angst heraus, etwas zu verpassen, wird keine Entscheidung gefällt.

Gut ist es daher, wenn wir unsere Entscheidung begründen können, denn es muss ja Kriterien gegeben haben, weshalb das Eine vor dem Anderen bevorzugt wurde. Man könnte die Kriterien, die wir auch als Argumente bezeichnen können, der Übersicht halber mit Plus- und Minuszeichen im Sinne von Pro und Contra versehen. Das ergibt einen groben Überblick. Doch bei wichtigen Entscheidungen ist das zu wenig Begründung. Deshalb werden Sie mit dem → Teil II ausführlicher an die Studienwahlentscheidung herangehen.

Die Illusion einer objektiv „richtigen" Entscheidung

Es wäre doch schön, wenn man die Gewissheit hätte, dass man nur sachlich, rational und gründlich genug an eine Sache herangehen müsste, um damit zu einer garantiert „richtigen" Entscheidung zu kommen. In Sachen Gründlichkeit stimme ich dieser Auffassung zu. Doch eine rein rational gewonnene Entscheidung würde eine ganz zentrale Komponente außer Acht lassen: die Person und damit die Persönlichkeit und Individualität des Entscheidungsträgers. Natürlich hat jeder Mensch ganz eigene Vorlieben und Abneigungen, genauso wie Erfahrungen und die damit verbundenen Gefühle. Und man hat eigene Vorstellungen davon, wie man grundsätzlich leben und arbeiten möchte. Wichtig ist es, diese Anteile nicht unberücksichtigt, sondern sie irgendwie systematisch mit in eine Entscheidung einfließen zu lassen. Sie hätten dann eine authentische, eigentlich subjektive und individuelle Entscheidungsgrundlage. Das bedeutet, dass andere Personen mit einer anderen Individualität sich durchaus anders entscheiden würden. Das Buch zeigt Ihnen im zweiten Teil, wie Sie diese Dinge bei Ihrer Entscheidung berücksichtigen können.

1.2 Der Entscheidungsdruck

Bei all dem, was eine Entscheidung so schwer machen kann, ist eine Sache noch nicht erwähnt worden: der Entscheidungsdruck. Dieser entsteht aus der persönlichen Situation heraus, oder weil Bewerbungsformalitäten und Anmeldefristen eingehalten werden müssen. Es wird kein Aufschub geduldet, denn die Zeit schreitet voran und oft beobachtet unser soziales Umfeld jeden einzelnen unserer Schritte mit erwartungsvollen Blicken.

An zweiter Stelle ist ein anderer Entscheidungsdruck zu nennen, der durch Gedanken und den Anspruch entsteht, unbedingt ein *richtig* zu sich passendes Fach finden zu müssen, mit dem man garantiert einen Job bekommt und dann 40 Jahre lang glücklich sein wird. Für viele kommt dann noch der zweifelnde Gedanke dazu, mit einer *falschen* Entscheidung sich die gesamte Zukunft zu verbauen. Doch für wie viel Zukunft entscheiden Sie sich heute eigentlich wirklich? Denn gerade das gestufte Studium ermöglicht eine neue Flexibilität, da Ihnen im Bachelor zunächst erst einmal überwiegend die Grundlagen eines Faches vermittelt werden. Damit könnten Sie sogar schon in einen Beruf gehen. Der Master ermöglicht dann aber, dieses Basiswissen zu vertiefen oder sogar durch fachfremde Inhalte zu ergänzen. Mit der letzteren Variante würden Sie Ihrem bisherigen Studium auch eine Wende oder neue Akzentuierung ermöglichen. Die Ideen dazu sind aber vielleicht erst während des Bachelor aufgetaucht. Sie sehen, dass hätten Sie nicht alles von vornherein berücksichtigen können. Und doch kann es sich so ergeben, wenn Sie nämlich in dieser Zeit offen bleiben für neue Ideen und Wege.

Sie müssen also nicht gleich alles wissen: die Entscheidung für einen Studiengang ist eine grobe Orientierung. Viele Feinheiten, etwa die genaue Vorstellung von einem späteren Arbeitsplatz, können sich im Laufe des Studiums ergeben. Das müssen Sie jetzt noch nicht alles wissen bzw. in Ihre Entscheidung einfließen lassen.

An dritter Stelle soll noch eine weitere hemmende, häufig zu findende Einstellung erwähnt werden. Bei dieser will man versuchen, unbedingt alle persönlichen Interessen im Beruf unterzubringen. Das kann und muss zum Glück nicht klappen, denn Sie bestehen ja nicht nur aus Arbeit. Die anderen Interessen können sich in Hobbys oder sonstigen Beschäftigungen widerspiegeln, denn Ihre Persönlichkeit setzt sich aus vielen Bausteinen zusammen. Da ist das Studium bzw. der Beruf eben nur einer der Bausteine.

1.3 Die Entscheidungsstrategien

Ob Sie nun wie in dem vorherigen Abschnitt beschrieben einen solchen Druck empfinden oder zum Glück mit einer gewissen Ruhe und Zuversicht an die Studienwahl herangehen, auch Sie haben sicher schon überlegt, mit welcher Strategie Sie diese komplexe Aufgabe bewältigen.

Zunächst ein paar häufig vorkommende, zum Teil grobe und vereinfachte Strategien, die durchaus zum Erfolg führen können:

Entscheidungsstrategie Nr. 1
Ich weiß genau, was ich werden will

Wenn Sie später einmal einen ganz bestimmten Beruf ausüben wollen (z.B. Arzt, Lehrer, Rechtsanwalt, Psychotherapeut, Chemiker), dann brauchen Sie gar nicht lange überlegen, wie Sie diesen Plan umsetzen. Das Studium ist dann quasi wie eine Eintrittskarte und der Weg steht ziemlich genau fest: ein Arzt beispielsweise *muss* Medizin studiert haben. Jetzt liegt es nur noch an den schwankenden Zugangsvoraussetzungen, ob Sie für genau diesen Studiengang auch einen Studienplatz bekommen werden. In diesem Fall würden Sie sich daher genau erkundigen, wie Sie sich wo bewerben müssen und ob es an der jeweiligen Hochschule besondere Voraussetzungen gibt, etwa einen bestandenen Medizinertest oder ein einjähriges Praktikum.

Häufig bedeutet es aber auch folgendes: die Eintrittskarte sagt nichts über den Kinofilm aus. D.h. ein theoretisches, wissenschaftliches Studium gibt nicht eindeutig die für eine spätere Tätigkeit notwendigen Fähigkeiten weiter. Ein Dilemma, in dem sich etwa viele Lehrer wiederfinden, wenn sie ihre Fächer umfangreicher studieren müssen, als sie es später im Unterricht anwenden werden. Und dann kann es motivationsmäßig schwierig werden, wenn Sie einen Arbeitsplatz, wie die Schule, bereits kennen und sich nun eine damit nur indirekt zusammenhängende Eintrittskarte erarbeiten müssen. Wenn Ihnen das allerdings bewusst ist, steht dem Studium nichts im Wege.

Entscheidungsstrategie Nr. 2
Ich will vor allem in eine andere Stadt

Ein häufiger Grund, sich für ein Studium zu entscheiden, ist die Möglichkeit, damit gleichzeitig den Heimatort zu verlassen. Dabei steht dann nicht so sehr im Vordergrund, was inhaltlich und ausbildungstechnisch passieren soll, denn es spielen stärker persönliche Gründe eine Rolle, beispielsweise eine Loslösung von einer einengenden, elterlichen Umgebung. Natürlich ist mit der Entscheidung für den neuen Lebensraum eine wichtige persönliche Grundlage geschaffen. Schließlich setzen Sie sich damit einer ganz bestimmten Umgebung aus, die ihren Einfluss auf Sie ausüben wird. Was Sie dann dort studieren, sollte aber trotzdem nicht ganz willkürlich gewählt sein, es sei denn, Sie werden noch mal wechseln können. Achten Sie dann unbedingt darauf, wie die Bedingungen für einen Wechsel aussehen, etwa dann, wenn Sie BAföG bekämen. Da dürfen Sie nämlich nicht beliebig wechseln oder Sie gefährden diese finanzielle Unterstützung.

Entscheidungsstrategie Nr. 3
Ich nehme, was ich mit meinem Abitur-Durchschnitt bekommen kann

Diese Vorgehensweise sieht folgendermaßen aus: man nehme seinen Abitur-Durchschnitt und schaue sich die Numerus-Clausus-Werte der letzten Bewerbungsrunde einer Hochschule an. Daraus leitet man nun ganz schlicht ab, welche Fächer also zur Auswahl stehen. Je nach Ihrem Durchschnitt stehen dann ganz bestimmte Fächer zur Auswahl, je besser Ihr Schnitt, umso mehr Fächer werden es sein. Sie könnten sich nun entsprechend bewerben und würden ein Fach mit passendem Numerus-Clausus mit großer Wahrscheinlichkeit bekommen. Aber Sie sollten sich fragen, ob diese Fächer, die Sie bekommen könnten, auch zu Ihnen passen würden und ob diese Strategie daher eine ausreichende Entscheidungsgrundlage ist. Darüber hinaus liegt dieser Strategie noch eine völlig falsche Vorannahme zu Grunde: die veröffentlichten Numerus-Clausus-Werte seien immer gültig. Tatsächlich sind die Numerus-Clausus-Werte des letzten Jahres zwar grobe Orientierungsmöglichkeiten und Sie können damit auch Ihre Chancen versuchen zu sichten. Die Werte lassen aber keine Aussage darüber zu, wie es sich im diesjährigen Bewerbungsverfahren gestalten wird. Nehmen wir einmal an, die meisten sehr guten Abiturienten gingen aus irgendeinem Grund dieses Jahr vermehrt ins Ausland und bewerben sich daher nicht an deutschen Hochschulen. Dann hätten wir eine völlig neue Zusammensetzung der Numerus-Clausus-Werte und Bewerber mit einem bisher als *unzureichend* eingestuften Abitur-Durchschnitt hätten auf einmal bessere Chancen auf einen Studienplatz. Da das aber erst am Ende des Bewerbungsverfahrens einer Hochschule fest steht, wäre es sinnvoller, zunächst ein zu sich passendes Fach zu finden und dann alles daran zu setzen, dafür einen Studienplatz zu bekommen. Da ist dann auch der zu erwartende Numerus-Clausus natürlich wichtig, um die möglichen Chancen abzuwägen.

Entscheidungsstrategie Nr. 4

Ich mache aus einem guten Leistungskurs ein Studienfach

Gute Noten in einem Leistungskurs können durchaus bedeuten, dass Sie sich für das Fach interessieren und die Inhalte wahrscheinlich auch Ihren Fähigkeiten entsprechen. Viele Schüler unterscheiden sich beispielsweise darin, ob ihnen grundsätzlich die naturwissenschaftlichen Fächer oder doch mehr die Sprachen liegen. Da liegt es nahe, aus dieser Tendenz ein Studienfach abzuleiten. Doch eine wichtige Frage ist, ob es einen Zusammenhang zwischen den Noten in einem Schulfach und dem Studienerfolg in dem entsprechenden Studiengang gibt. Während ein insgesamt guter Abitur-Durchschnitt die beste Prognose für ein erfolgreich absolviertes Studium erlaubt, sieht es mit dem Zusammenhang zwischen Schulfach und Studiengang ganz anders aus. Tatsächlich kann ein Leistungskurs in der Schule den Start in das entsprechende Studienfach unterstützen, weil wichtige Grundlagen schon vorhanden sein können. Sie müssen dann nicht erst durch einen Brückenkurs nachgeholt werden. Da aber eine Hochschule in ihrer Ausbildung vor allem einen theoretisch-wissenschaftlichen Schwerpunkt hat, sind die Inhalte wegen der anderen Herangehensweise gänzlich verschieden zu dem, was Sie in der Schule kennengelernt haben. Sie dürfen daher aus Ihren Erfahrungen im Leistungskurs (z.B. Deutsch) das grundsätzliche Interesse ableiten, können dies aber nicht automatisch mit einem garantierten Erfolg im ähnlich benannten Studium (hier: Germanistik) gleichsetzen.

Entscheidungsstrategie Nr. 5
Ich nehme, was am Schluss übrig bleibt: die Negativ-Auslese

Nehmen wir einmal an, Sie wollen an einem bestimmten Hochschulort leben. Also nehmen Sie das dortige Studienangebot zur Hand und streichen alles weg, was auf gar keinen Fall für Sie in Frage kommt. Irgendetwas wird am Schluss übrig bleiben. Und das nehmen Sie dann. Was geschieht aber, wenn Sie vielleicht mehr technisch oder medizinisch interessiert sind, doch an dem Ort nur eine einzige pädagogische Hochschule existiert? Dann könnten Sie nämlich nur Lehrer werden. Diese Strategie ist daher zu simpel, weil sie kaum Ihre Interessen und Fähigkeiten ausreichend berücksichtigen kann.

Entscheidungsstrategie Nr. 6
Ich will viel Praxis im Studium

Vielleicht passt zu Ihnen ja viel besser ein Studium mit starkem Praxisbezug. Diesen finden Sie stärker an den Fachhochschulen oder ganz direkt in sogenannten Dualen Studiengängen. Die derzeit fast 1.000 dualen Angebote bundesweit – hauptsächlich in technischen Berufen – wechseln akademische Lehre an einer Hochschule mit praktischen Teilen in einem Betrieb ab. In 2012 lernten bereits 61.000 Studierende auf diese Weise. Beachten Sie aber unbedingt die Zugangsvoraussetzungen, die innerhalb der Bundesländer und sogar von Hochschule zu Hochschule sehr unterschiedlich ausfallen können.

Immer noch hat das seit den 1970er Jahren existierende Modell wie auch die Fachhochschulen mit dem Ruf zu kämpfen, für solche Auszubildenden zu sein, denen das klassische Universitätsstudium zu schwer sei. Fakt ist aber, dass der stärkere Praxisbezug tatsächlich zu besseren Jobaussichten führt. Es kommt also vor allem darauf an, zwischen einem eher theoretisch-wissenschaftlichen Schwerpunkt und der stärkeren Praxis zu entscheiden. Im dritten Teil, dem Service-Teil dieses Buches, finden Sie eine ausführlichere Beschreibung besonderer Hochschularten und genauere Hinweise zum Dualen Studium.

Entscheidungsstrategie Nr. 7

Was für andere gut ist, wird auch für mich gut sein

Bei den Menschen in unserer näheren Umgebung, die uns wichtig sind, bekommen wir ja automatisch mit, was die tun und wie es ihnen damit geht. Wenn eine Sache gut läuft und wir ein bisschen darüber erfahren haben, dann kann das für uns durchaus attraktiv werden. Das geschieht tagtäglich mit allen möglichen Tipps etwa zu interessanten Reisezielen oder zum Kulturprogramm. Warum dann also nicht auch zum Studium? Weil hier noch stärker etwas gilt, was übrigens auch bei den nicht ganz so folgenschweren Reise- und Kultur-Tipps eine Rolle spielt: Nehmen Sie die positiven Erfahrungen der anderen ruhig als Ideengeber, doch prüfen Sie ganz genau, ob diese Option für Sie wirklich in Frage kommt. So würde man sich beispielsweise bei einem angeblich tollen Kinofilm erzählen lassen, warum er so sehenswert ist: man bekommt ein wenig von der Handlung berichtet, vielleicht wird eine schauspielerische Leistung hervorgehoben oder die eingesetzten filmischen Mittel sind interessant genutzt. So können Sie prüfen, ob Sie den Film auch sehen sollten, weil er Ihnen mit einer hohen Wahrscheinlichkeit tatsächlich gefallen könnte. Genau so kann die beste Freundin zufrieden in ihrem Studium sein oder Ihre Eltern erfolgreich in ihren Berufen – für Sie muss das noch lange nicht gelten. Lassen Sie sich daher auch hier näher schildern, was etwa den Studiengang für Ihre Freundin interessant macht. Und überlegen Sie dann genau, ob auch Sie damit zufrieden sein könnten.

Entscheidungsstrategie Nr. 8

Ich studiere das Ergebnis eines Online-Tests

Dies ist mittlerweile eine der häufigsten Strategien, weil man beim Surfen zum Stichwort „Studienwahl" ziemlich schnell auf zahlreiche Online-Tests stößt. Und wenn ein Test auch noch kostenlos ist – so denken viele – hat man schließlich nichts zu verlieren. Schließlich kommt nach einer gewissen Mühe am Schluss eine Aussage heraus, die vielleicht so lauten könnte: *„Zu den von Ihnen gemachten Aussagen passen die naturwissenschaftlichen Studiengänge Physik und Biophysik"*. Was kann einen da noch abhalten, sich genau dafür zu bewerben? Schließlich wird Ihnen mit dem Nennen konkreter Fächer suggeriert, Sie hätten eine fundierte Entscheidung getroffen. Doch für den Laien ist es häufig nicht nachvollziehbar, wie der Test zu diesem Ergebnis kommt. Damit bleibt auch dessen Aussagekraft uneindeutig. So sind Online-Tests als alleinige Entscheidungsstrategie ungenügend, weil Sie sich auf ein einziges Ergebnis stützen würden. Das Buch zeigt Ihnen deshalb, welche Tests sinnvoll sind und was sie bedeuten an genau der Stelle, wo sie während des Orientierungsprozesses hingehören. Deshalb finden Sie die Online-Tests in → Teil III *Services zur Studienwahl – Abschnitt 1.3* als eine mögliche Infoquelle beschrieben – aber eben nur als eine von mehreren hilfreichen Quellen.

Mit den nächsten Kapiteln nähern Sie sich der Fragestellung nun auf eine ausführlichere, viele wichtige Aspekte einbeziehende Art und Weise, für die es eine günstige Grundhaltung gibt. Diese möchte ich Ihnen vorab näher bringen.

1.5 Eine günstige Grundhaltung: „gut“ statt „richtig“

Umgangssprachlich benutzen wir im Zusammenhang mit Entscheidungen die Adjektive *richtig* oder *falsch*. Damit soll eine Bewertung vorgenommen werden und unausgesprochen gehen wir davon aus, dass der Ausgang einer Entscheidung allein von unseren Überlegungen abhängt. Wir müssen eben nur lang genug über eine Sache nachdenken, dann werden wir auch zu einer *richtigen Entscheidung* kommen. Doch genau das ist aber leider überhaupt nicht der Fall. Da wir in einem komplexen System leben, in dem andere Menschen, gesellschaftliche Rahmenbedingungen, die technischen Möglichkeiten und selbst das Wetter sich unvorhersehbar verhalten können, kann eine Sache dadurch doch zu einem unangenehmes Ergebnis führen, die ursprüngliche Entscheidung selbst aber dennoch *gut* gewesen sein. Wie ist das gemeint? Haben Sie beispielsweise bei einer Reiseplanung viele Überlegungen angestellt, dass ein Urlaub am Meer gerade besser passt als eine Reise in die Berge und entsprechend gebucht, dann kann die mehr oder weniger zufällige Entwicklung des Wetters Ihnen leider viele Tage Regen bescheren. Natürlich hat das Einfluss auf Ihre Urlaubsaktivitäten und auch den Erholungseffekt. Aber nicht automatisch ist die Schlussfolgerung erlaubt *„Wären wir doch besser in die Berge gefahren“*. Wenn Sie nämlich an Ihren Entscheidungsprozess denken, dann mussten Sie zu dem Ergebnis *„Meer“* kommen, da Sie viele Argumente gegeneinander abgewogen haben. Was dann tatsächlich geschah, lag nicht mehr allein in Ihrer Hand und damit ist die Frage berechtigt, wie viel Verantwortung man sich selbst für diese Entwicklung der Dinge zuschieben darf – auf jeden Fall nicht die gesamte Verantwortung. Vielleicht nimmt diese Sicht Ihnen ja ein wenig von dem Druck, allein der sprichwörtliche Schmied Ihres Glücks zu sein. Und damit würde sich dann auch der Anspruch erübrigen, möglichst perfekt an die Entscheidung heranzugehen. Denn Perfektionismus erreichen zu wollen, hat noch niemandem geholfen, weil er nämlich gar nicht zu erreichen ist. Flugzeugabstürze etwa oder die nicht kontrollierbaren Naturkatastrophen demonstrieren uns tagtäglich, dass der Mensch einem Anspruch auf Perfektionismus nicht gerecht werden kann. Und deshalb könnten Sie sich in Sachen Studienwahl nun einer *guten* Entscheidung widmen und versuchen, den Anspruch zu begraben, dass es unter allen Umständen die 100 Prozent *richtige* werden muss. Dabei ist Ihnen dieses Buch behilflich, wenn Sie mit jeder Seite, die Sie bearbeiten, eine hohe Gründlichkeit umsetzen. Und Sie werden viele wichtige Dinge berücksichtigen. Doch den Zufall und andere Überraschungen können Sie natürlich nicht einplanen.

2 Einflussfaktoren der Studienwahl

Studienwahl kann wie der Kauf eines neuen Computers sein: die Vielfalt des Angebots erschlägt einen fast und steht man unter Zeitdruck, würde man am liebsten das Erstbeste nehmen. Wenn viel Auswahl überfordert und uns eher orientierungslos macht, dann muss das vielfältige Angebot deutlich reduziert werden. Tatsächlich sind nicht alles PC-Zubehör und mögliche Programme für Sie gedacht. Dafür ist es notwendig, die persönliche Situation zu analysieren, aus der sich quasi eigene Bedürfnisse und Kriterien ableiten lassen. Wer vorher also eine Liste mit den Dingen macht, die der PC haben bzw. können soll, findet leichter einen konkreten Anbieter und dort das passende Gerät. Im Computerbeispiel sähe das in etwa so aus: Was habe ich mit dem PC alles vor? Brauche ich ihn nur zuhause oder muss ich mobil damit sein? Was ist in der Grundausstattung vorhanden und was brauche ich zusätzlich? Muss er besonders schnell sein oder vor allem viel Speicherplatz haben? Wie viel Geld habe ich zur Verfügung? Sie sehen, wie aus solchen Eckdaten der Einkauf sich konkretisieren kann. Vergleichbare Überlegungen werden Sie mit diesem Buch hinsichtlich Ihrer Studienwahl anstellen.

Doch grundsätzlich gilt: je mehr Sie überlegen und aktiv suchen, je mehr Informationen Sie einholen und je häufiger Sie mit anderen über die Studienwahl sprechen, umso mehr Einflüssen sind Sie natürlich ausgesetzt. Das ist keineswegs verkehrt. Sie können dadurch viel Neues und Wichtiges erfahren, kritische Anmerkungen prüfen und die eigenen Gedanken relativieren. Entscheidend ist vielmehr, wie Sie mit diesen Einflüssen umgehen. Tragen sie zu Ihrer Entscheidungsfindung bei oder verwirren sie hauptsächlich? Kann eine Information als seriös eingestuft werden oder handelt es sich nur um Hören-Sagen? Mit welchen Personen sind die Gespräche angenehm und unterstützend oder eher wenig hilfreich? Zu solchen Fragen erfahren Sie alles Notwendige in diesem Kapitel und dem zweiten Teil des Buches.

2.1 Die eigene Situation

In diesem Abschnitt möchte ich Sie dazu anregen, zunächst über Ihre ganz persönliche Situation zu reflektieren, damit Sie erkennen können, ob Dinge dabei sind, die sich auf Ihre Studienwahl auswirken könnten. Denn: welches Fach Sie studieren, ist das eine. Das andere ist, wie die tatsächlichen Rahmenbedingungen sein sollen, was Sie neben dem Studium noch erleben können und was vielleicht auch unerwünschte Konsequenzen sein werden. Dazu möchte ich Sie auf ein paar Dinge aufmerksam machen. Vielleicht haben Sie auch schon eigene Überlegungen dazu angestellt.

Sollen Familie und alte Freunde in meiner Nähe sein?

Viele Ortswechsler erklären ihre Situation damit, die Heimat bewusst verlassen zu haben und damit ganz viel äußeren Abstand zur Familie herstellen zu wollen. Dabei blieben dann auch die bisherigen Freunde einige Kilometer zurück. Für andere ist es dagegen indiskutabel, ihren bisherigen Heimatort zu verlassen. Gerade weil es sich gut anfühlt, die Familie in der Nähe zu haben und sich auf alte Freunde verlassen zu können. Die Frage lautet also: Wie wichtig ist es mir, Freunde und Familie in der Nähe zu haben?

Wo möchte ich leben?

Andere Ortswechsler mussten nach einigen Monaten feststellen, dass ihnen beispielsweise das Leben in einer viel größeren Stadt doch nicht gefällt. Da fehlten ihnen beispielsweise die Natur und damit die Möglichkeit, hinter dem Haus gleich losjoggen zu können. Das kann Ihnen umgekehrt natürlich genauso passieren. Als gebürtiger Großstädter haben Sie vor allem viele Ideen, die Sie an einem naturnahen Studienort umsetzen wollen. Doch dort kommen Sie zu der Erkenntnis, dass bei so viel Natur eben die Kultur fehlt und Kleinstädte nicht so anonym sind. Wie müssen also der Ort und seine Infrastruktur grob beschaffen sein, damit ich beispielsweise eine Mischung aus Natur und Kultur finde? Und wenn jemand sich aber vielleicht noch nicht traut, nach dem Abitur wegzugehen, obwohl sich schließlich die Möglichkeit dazu bietet, dann könnte ein Kompromiss sein, den Bachelor im Heimatort machen und erst für das Masterstudium an einen anderen Studienort zu wechseln. Doch auch der neue Ort muss dann natürlich grob passen. Wie muss also ein Hochschulort sein, damit ich das vorfinde, was ich brauche oder was ich gerne einmal erleben möchte?

Was soll das Studium selbst bieten?

Die gleichen Studiengänge sind von den einzelnen Hochschulen häufig unterschiedlich strukturiert und mit verschiedenen inhaltlichen Schwerpunkten versehen, je nachdem, mit welchem besonderen fachlichen Ansatz eine Professur besetzt ist. Dadurch kommt nicht jede Hochschule uneingeschränkt in Frage. Sie wünschen sich vielleicht eine Ausbildung mit mehr Praxisnähe oder unbedingt mit Möglichkeiten, größere Teile des Studiums im Ausland verbringen zu können. Daher lautet hier die Frage: Welche Art von Studium passt für mich besser und welche Hochschule setzt das gut um?

Brauche ich auch weiterhin die Umgebung, die ich mir gerade geschaffen habe?

Dieser Aspekt geht noch etwas über die vorhandene Herkunftsfamilie oder alte Freunde hinaus und betrifft vor allem diejenigen, die sich vielleicht auch an einem neuen Ort, etwa während eines Bachelorstudiums, etwas Neues aufgebaut haben. Dazu kann ein ganz neuer Freundeskreis ebenso gehören wie die inzwischen selbst gegründete Kleinfamilie. Oder der Job als studentische Hilfskraft könnte ein Baustein für die später gewünschte wissenschaftliche Stelle im selben Institut sein. Und selbst ein Hobby kann inzwischen semiprofessionell ausgebaut worden sein und funktioniert am besten in der bekannten Umgebung, nicht zuletzt, weil dazu ja auch nette Menschen gehören. Dann ist ein Wechsel gut zu überlegen und die wichtige Frage dazu lautet, ob ich auf dieser Infrastruktur aufbauen möchte oder ob ich sie mir auch ziemlich schnell woanders erneut aufbauen kann.

Was ist mir wichtig im Leben zu erreichen?

Diese Frage spricht Einiges auf einer sehr allgemeinen Ebene an, denn hier finden sich Aspekte wie der Wunsch nach materieller Sicherheit, das Erlangen von Prestige oder die Erfüllung bestimmter gesellschaftlicher Normen wieder. Das interessante ist, dass man im Sinne einer Abgrenzung das vielleicht gerade *nicht* möchte. Auch dazu kann eine Studienwahl dienen, nämlich übergeordnete Ziele für sich zu erreichen. Dies kann die Zugehörigkeit zu einen bestimmten Gruppe sein, oder auch gerade die Abgrenzung von dieser Gruppe. Die Frage ist dann: Für welche allgemeinen Ideen und Wünsche ist das Studium ein wichtiger Baustein? Auf diese Frage wird übrigens in → Teil II ausführlich eingegangen.

2.2 Die Konsequenzen der Studienwahlentscheidung

Wie die fünf Schritte eines Entscheidungsprozesses zeigen, sind die tatsächlich sehr viel später eintretenden Konsequenzen unserer einmal getroffenen Entscheidung sehr wichtig, weil dann ja erst die ursprüngliche Idee mit dem wirklichen Ausgang verglichen werden kann. Eine Studienwahl kann so betrachtet zeitnahe Konsequenzen haben, beispielsweise einen Ortswechsel: bereits nach ein paar Monaten kann man feststellen, wie man damit zu Recht gekommen ist. Doch es gibt natürlich auch Konsequenzen, die weit in der Ferne liegen. Und ich übertreibe mal, in dem ich die am weitesten entfernte Konsequenz formuliere: werde ich am Ende meines Berufslebens auf eine zufriedene Zeit zurückblicken können? Die Antwort auf diese Frage lässt lange auf sich warten, obwohl wir natürlich von Jahr zu Jahr immer bessere Prognosen liefern können.

Ich möchte Sie in diesem Abschnitt auf Konsequenzen aufmerksam machen, die hinsichtlich ihrer Dauer irgendwie zwischen diesen Beispielen liegen und daher sofort eintreten, aber genauso auch von längerfristiger Natur sein können.

Studieren formt meine Identität

Für einen Großteil unserer Persönlichkeit wird das Fundament sicher in Kindheit und Jugend gelegt. Die Einflüsse, denen uns die Familie, die Schule und die sonstige Umgebung ausgesetzt haben, prägen uns natürlich. Interessanter Weise formt sich aber ein wichtiger Teil der Persönlichkeit, den wir Identität nennen, noch nahezu bis zum 30. Lebensjahr. In dieser Zeit bestimmen nämlich in einem viel stärkeren Maße wir selbst, ob und welchen Einflüssen wir uns aussetzen. Und dadurch können sich bestehende Persönlichkeitseigenschaften verfestigen, aber genauso auch noch neue herausbilden. Das erkennt man beispielsweise daran, wenn jemand sich selbst etwa so beschreiben würde:

„Also, früher, da war ich eigentlich eher ganz schüchtern. Erst als Jugendlicher habe ich im Sportverein mitgearbeitet und dort verschiedene administrative Sachen gemacht. Und inzwischen machen mir an der Uni die Referate sogar irgendwie Spaß."

Sie sehen, welche Veränderungen möglich sind, wenn wir uns neuen Situationen aussetzen. Wenn Sie nun überlegen, ob es Ihnen gut tun könnte, Ihren Heimatort zu verlassen oder besser daheim zu bleiben, dann steckt genau diese Idee dahinter: probiere ich etwas Neues oder lasse ich die Dinge, wie sie sind? Sie sehen, diese Frage ist durchaus von Bedeutung.

In die Fußstapfen der Eltern treten

Auf einem Bauernhof war es früher üblich, dass der Älteste eines Tages den Hof der Eltern übernimmt. Wenn heutzutage eine Firma, eine Praxis oder eine Kanzlei in Familienbesitz sind, existiert häufig die Idee, dass eines der Kinder sich in den Bereich einarbeitet und passend dazu studiert. Es liegt dann im Interesse der Eltern, dass dieses Kind den Betrieb weiterführt, so wie es auch beim Bauernhof erwartet wurde. Damit wäre eine freie Studienwahl oder die Umsetzung eines eigenen Berufswunsches erschwert. Doch selbst, wenn Eltern nur von einem ausgeübten Beruf positiv überzeugt sind, machen sie diesen gelegentlich ihren Kindern schmackhaft. Das sagt dann allerdings mehr über die Eltern als über den Beruf aus. Denn, wenn sie überzeugen wollen, wie wirtschaftlich sicher eine Anstellung als Lehrer oder wie unabhängig man in der eigenen Anwaltskanzlei sei, dann kann man zunächst daraus ableiten, dass den Eltern materielle Sicherheit oder Selbständigkeit wichtig sind. Doch gilt das auch für Sie? Und dann gibt es noch Eltern, die von ihrem Beruf geradezu abraten. Nun, sie haben schließlich auch wirklich Erfahrungen damit sammeln können und hätten im Nachhinein vielleicht lieber etwas anderes gemacht. Doch sollte das Sie deshalb abhalten? Denn Sie wiederum haben durch Ihre Eltern einen Beruf aus nächster Nähe miterlebt und können sich möglicherweise gerade deshalb gut darin vorstellen. Grundsätzlich gilt also: was für die Eltern passt, muss nicht auch für Sie gelten. Und jenes, was die Eltern ablehnen, kann für Sie genau das Richtige sein.

Passt das Studium zu meiner Persönlichkeit?

Wenn Ihr Studium vor allem zu Ihnen statt zu Ihrer Familie passen soll, dann ist es wichtig, dass die Studieninhalte auch mit Ihrer Persönlichkeit übereinstimmen. Das erkennt man grob daran, ob sich andere eigentlich vollkommen wundern würden, wenn man seine Idee für einen Beruf und ein Studienfach äußert oder ob sie bemerken, dass es irgendwie zu einem passt. Jemand mit vielen Haustieren studiert vielleicht eher Tiermedizin als derjenige, der zwei Sportarten gleichzeitig an sechs Tagen pro Woche in einem Verein ausübt. Und jemand, der anderen gern etwas beibringt und Eltern hat, die selbst Lehrer sind, könnte eben auch Fächer *auf Lehramt* studieren wollen. Die Eigenschaften eines Lehrers sind dann in Ihrer Person zu finden und es würde zu Ihnen passen, im pädagogisch-sozialen Bereich direkt mit Menschen zu arbeiten.

Und nicht nur das *Was*, sondern auch das *Wie* kann unterschiedlich gut zu Ihnen passen. Für den einen ist die direkte Abfolge von Abitur, Studium und Beruf ganz selbstverständlich, während es für andere passender scheint, erst nach einer Ausbildung und Berufstätigkeit zum Studium zu kommen. Dies kann der Fall sein, wenn man Dinge eher ausprobieren möchte, um sich im Klaren zu werden, wie gut etwas passt. Ein anderes *Wie* wären der unterschiedliche Praxisanteil im Studium oder die Frage, wie eindeutig ein Studium auf einen Beruf hin zielt. Es gibt Studierende, die zufrieden damit sind, dass ihr Studienfach sehr theoretisch ist und darüber hinaus kein klares Berufsbild ansteuert. Genauso passt es aber für andere wiederum besser, das Studium als Weg zum gewünschten Beruf zu nehmen und während dessen viel über die Anwendung des Wissens in der späteren Berufspraxis zu erfahren.

2.3 Die Eigenverantwortung übernehmen

Für viele ist die Frage, wie es nach dem Abitur weiter gehen soll, eine der ersten bedeutungsvollen, vor allem eigenen Entscheidungen. Denn die meisten haben ihre Kindheit und Schulzeit als selbstverständlichen Ablauf der Dinge wahrgenommen: der Ort, in dem man aufwächst, wird schließlich zum größten Teil von den Eltern festgelegt. Und auch andere Entscheidungen werden maßgeblich durch die Eltern bestimmt. Denn durch die Umgebung, welche die Eltern indirekt vorgeben, ergeben sich häufig automatisch die Schulen, die in Frage kommen. Unabhängig von dem Weg, der zum Abitur geführt hat, ist diese sogenannte Hochschulreife für die meisten die Eintrittskarte in eine Hochschule. Vielleicht wird noch eine größere Reise oder ein freiwilliges, soziales Jahr dazwischen geschoben, da eine solche längere Auszeit später kaum noch möglich sein wird. Aber auch dann bleibt natürlich die Frage noch offen, wie es danach weitergehen soll.

Wenn die Studienwahl mit einer gehörigen Portion Druck versehen ist, dann kann das daran liegen, weil Sie spüren, dass da eine Last auf Ihren eigenen Schultern liegt. Ihnen wird bewusst, dass Sie etwas entscheiden wollen, dessen Auswirkungen ziemlich weitreichend sein können. Und wenn es im vorherigen Abschnitt auch noch heißt, dass ein Studienfach schließlich zu Ihnen passen soll und man davon ausgehen kann, dass Sie sich selbst wohl am besten kennen, dann sind quasi alle Augen auf Sie gerichtet. Die Ansprüche steigen, wenn ein Studium nicht allein eine Berufsausbildung sein soll, sondern man mit der Wahl sich selbst treu bleiben und authentisch sein will. Das wurde schon mit der Frage angerissen, ob ein Fach zu Ihrer Persönlichkeit passt. Doch wie findet man heraus, was zu einem wirklich passt? Stellen Sie sich andererseits vor, dass jemand mit einem Studium deutliche Zeichen setzen und sich von bisherigen Vorstellungen der Umgebung abgrenzen oder vollkommen distanzieren möchte. Wenn dazu grundsätzlich jede Verhaltensweise genutzt werden könnte, dann natürlich auch ein Studium. Dann verlässt man vielleicht ganz gezielt den Heimatort oder wählt ein Studienfach, welches sich deutlich mit alternativen Inhalten beschäftigt. Es kann aus Sicht der Psyche durchaus gut sein, das zu tun, doch sollte es Ihnen möglichst bewusst sein. Denn es kann ja sein, dass dieses Vorhaben mit einer großen Anzahl von Fächern gelingen würde: wenn die Eltern beispielsweise Jura vorgesehen haben, weil man deren Kanzlei übernehmen soll, dann gelingt es, das zu verhindern, indem man z.B. Sport, Philosophie, Afrika- oder Asienwissenschaften, Sozialwissenschaften, Theologie, Gehörlosenpädagogik oder vieles andere mehr studiert. In Ihrer Verantwortung liegt es dann immer noch, etwas zu finden, was durchaus Abgrenzung ermöglicht, es sollte aber trotzdem natürlich inhaltlich zu Ihnen passen.

Spätestens jetzt spürt man, dass die Entscheidung für ein Studienfach weitreichende Folgen haben wird und die Freiheit der Entscheidung kann zur Last werden. Man wird vielleicht unsicher, schwankt zwischen mehreren Möglichkeiten hin und her oder findet gar nicht erst etwas, was passen könnte. Diese Unklarheit ist mit ziemlich unangenehmen Gefühlen verbunden, die Sie vielleicht sogar von sich kennen. Sie sind Ausdruck des Stresses, den diese offene Entscheidung mit sich bringt. Um diesen unangenehmen Gefühlen zu entgehen besteht die Gefahr, das Erstbeste zu nehmen, was einem über den Weg läuft. Denn Sie sind dann froh, in dem vielleicht völlig unübersichtlichen Angebot überhaupt etwas gefunden zu haben. Es wird sicher deutlich, dass diese Haltung keine gute Grundlage für die nächsten Jahre ist, die Sie mit Studieren und dann mit einer Arbeit verbringen werden. Man merkt, dass wichtige Dinge sicherlich zu kurz gekommen sind für eine so weitreichende Sache.

Manche fühlen sich mit dieser Frage, was sie studieren sollen, ziemlich allein gelassen. Werden Eltern als wohlwollend und liberal beschrieben, dann ist dies regelmäßig auch mit der Haltung verbunden, man dürfe in beruflicher Hinsicht alles machen: *„Das musst du selbst entscheiden – wir stehen in jedem Fall hinter dir"*. Mit dieser Haltung soll sicher eine Atmosphäre erzeugt werden, die einem viel Freiheit lässt. Doch hilft das leider gar nicht, wenn man noch nichts für sich gefunden hat, denn man fühlt sich damit irgendwie orientierungslos allein gelassen. Oder kennen Sie auch die Bemerkung *„Hauptsache, du wirst glücklich"*? Auch das ist ja nett gemeint. Aber wie soll man eigentlich ganz allein wissen, ob man in einem bestimmten Beruf nicht nur kompetent, sondern auch noch glücklich wird? Schön wäre es, wenn andere Sie in dem Prozess der Entscheidung mit Rat und Tat unterstützen, auch wenn die Verantwortung, für sich das Richtige zu finden, letztendlich ganz und gar bei Ihnen allein liegt. Dieser Verantwortung stellen Sie sich meines Erachtens mit dem Lesen und Bearbeiten dieses Buches. Wenn Sie vor allem → Teil II gründlich durcharbeiten, dann haben Sie eine Entscheidungsgrundlage, die man durchaus als verantwortungsvoll bezeichnen darf. Und Ihre gut durchdachte Entscheidung können Sie dann überzeugt gegenüber den anderen vertreten, weil Sie selbst davon überzeugt sein werden.

2.4 Der Einfluss von Familie, Freunden und Partner

In einem eintägigen Workshop „Entscheidungstraining zur Studienwahl" findet zu Beginn folgender Einstieg statt: die Teilnehmerinnen und Teilnehmer werden gebeten, auf großen Wandplakaten vorformulierte, aber unvollständige Sätze zu ergänzen. Einer dieser Sätze lautet „Die folgende Person erschwert mir meine Entscheidung, in dem sie…" Auffallend häufig war dabei eine Antwort, die lautet:

„Freunde und Familie: Jeder rät mir etwas anderes, was zu mir passen könnte oder was aus anderen Gründen (z.B. Sicherheit) am besten wäre."

Man könnte meinen, je mehr Menschen man fragt, umso mehr Antworten bekommt man auch. Natürlich besteht die Hoffnung, dass es vielleicht eine heraus stechende, allen Antworten gemeinsame Überschneidung gibt. Dann könnte man der Meinung ja nachgehen. Stattdessen wird das Bild immer bunter und Stress kommt auf, die verschiedenen Meinungen alle unter einen Hut zu bekommen. Denn wir entscheiden nie völlig losgelöst von dem, was uns umgibt. Und dazu gehören nun mal vor allem die uns wichtigen Menschen. Und da wir als soziales Wesen generell nicht allein im luftleeren Raum schweben, machen wir die Güte einer Entscheidung auch von der Akzeptanz durch unsere soziale Umgebung abhängig. Wir erwarten, dass wir mit unserer Entscheidung entweder die Zustimmung bzw. ein Verständnis bekommen oder dass wir uns gerade von den anderen damit unterscheiden und abgrenzen können. In jedem Fall ist die Entscheidung also nicht losgelöst von der Reaktion der anderen und interessanterweise muss diese Reaktion nicht ausschließlich eine wohlwollende sein, weil jeder Mensch, mit dem, was er rät, mehr oder weniger bewusst auch eigene Interessen verfolgt. Doch wird die eigene Entscheidung eben auch von solchen Reaktionen beeinflusst.

Nun können Sie es vielleicht nachvollziehen, dass es Ihren Eltern nicht egal ist, was aus Ihnen mal wird. Wir können schon annehmen, dass Ihre Eltern es sich wünschen, dass es Ihnen gut geht, vor allem, wenn sie nicht mehr für Sie da sein können. Und auch Freunde sind natürlich nicht ganz unparteiisch, denn mit Ihrer Studienwahl könnte eine Freundschaft schwerer zu halten sein, beispielsweise weil Sie hunderte Kilometer weg ziehen. Für andere mag das wiederum interessant sein, weil sie schon daran denken, Sie dort zu besuchen. Was kann man daran grundsätzlich erkennen? Wenn Familie und Freunde automatisch parteiisch sind, dann verfolgen sie natürlich in dem Sinne auch eigene Wünsche und Interessen. Sie sind ja auch nur Menschen. Das kann sich dann mit Ihren Vorstellungen decken, muss es aber nicht. Und während sich die Meinung der anderen sogar ändern kann, sind am Ende doch immer Sie es, die mit der Entscheidung die nächsten Jahre leben und arbeiten müssen. Nicht die anderen! Und selbst dann, wenn nur die wirtschaftliche Situation und der unsicher gewordene Arbeitsmarkt als Argument herangezogen werden, etwas Vernünftiges und damit vor allem Sicheres zu studieren, dann bleibt die Frage, was das sein soll und wer diese Sicherheit garantieren kann. Niemand würde wagen, dazu seriöse Prognosen abzugeben.

Seien Sie also ein bisschen aufmerksam, aus welchen Gründen Ihnen Ihre Umgebung vielleicht zu etwas rät oder abrät. Seien Sie sich bewusst, dass die anderen voreingenommen sein können und daher nie objektiv sind. Hierbei kann Ihnen die Einstellung helfen, die anderen durchaus als Ideengeber zu nehmen und deren Vorschläge zu prüfen. Doch am Ende werden Sie es sein, der entscheidet und der am meisten von allen mit dieser Entscheidung leben muss.

Teil II: Von der Auswahl bis zur Entscheidung

In diesem Teil des Buches geht es um das Finden eines passenden Studienfaches und um eine Entscheidung, falls Sie am Ende mehrere Optionen zur Auswahl haben.

In **fünf Schritten** geht es Stück für Stück voran. Die einzelnen Schritte werden nochmals unterteilt, damit Sie kleine Einheiten erarbeiten können und Ihnen nichts verloren geht. Die fünf Schritte beginnen mit einer recht freien Sammlung von Interessen und Tätigkeiten, ohne dabei schon an einen möglichen Beruf zu denken. Daraus werden dann in einem nächsten Schritt übergeordnete Fähigkeiten und Werte abgeleitet. Dies ist die Vorbereitung für das Formulieren konkreter Fächer. Damit erst werden Sie so konkret, dass Sie sich präzisere Informationen beschaffen können. Denn jetzt muss erst noch herausgefunden werden, ob die Ideen auch umsetzbar sind. In dem Zusammenhang ist es wichtig, etwas darüber zu erfahren, wie man die unterschiedlichen Informationen und deren Quellen einschätzt und bewertet. Im Idealfall käme danach am Ende ein einziges Fach für Sie heraus. Die Erfahrung zeigt aber, dass es häufig **zwei oder mehrere Alternativen** sind, zwischen denen man sich dann auch noch entscheiden muss. Eine von vielen angewandte Strategie ist es, sich einfach für alles zu bewerben und das Schicksal entscheiden zu lassen, was man bekommt. Spätestens aber, wenn man für mehrere Fächer eine Zusage bekommen hat, muss man sich ja doch entscheiden. In diesem Fall hilft Ihnen der persönliche Bewertungsbogen als letzter Schritt, mit dem Sie alle gefundenen Möglichkeiten quasi in eine Reihenfolge bringen. Dann können Sie sich für die Möglichkeit entscheiden, die auf Ihrem Platz 1 gelandet ist, und sie Realität werden lassen. Oder natürlich Sie finden mit dem Studienwahlbogen direkt Ihren persönlichen Favoriten heraus und bewerben sich dann ganz gezielt dafür, in dem Sie alle sprichwörtlichen Hebel in Bewegung setzen, um genau dieses Studium beginnen zu können.

Studienwahlbogen

Als Arbeitsmaterial benötigen Sie den *Studienwahlbogen* (Abb. 1), den Sie sich unter www.uvk-lucius.de/abi-was-nun herunterladen können. Den Ausdruck unbedingt in einem Copy-Shop auf DIN-A3 vergrößern.

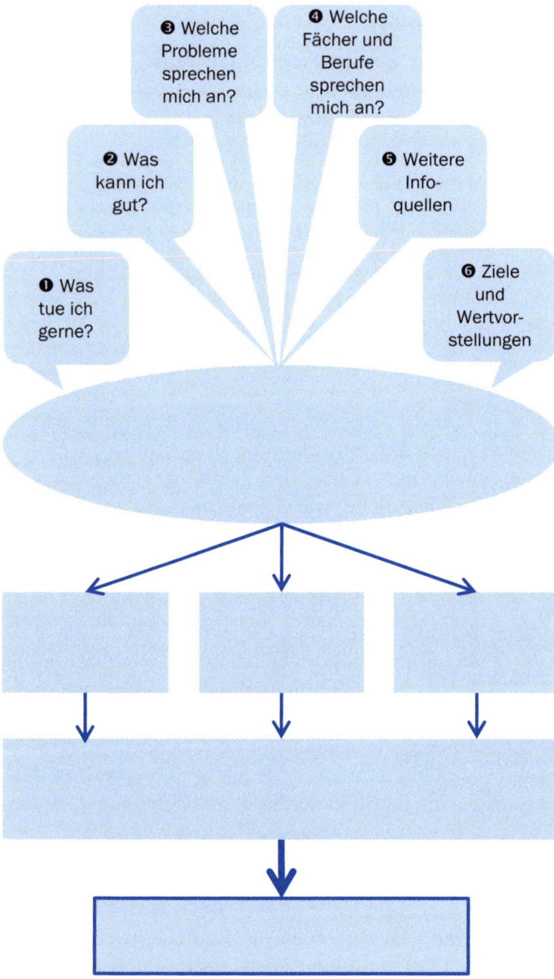

Abb. 1: Der Studienwahlbogen

1 Schritt ❶: Die Selbstanalyse

Den Studienwahlbogen werden Sie nun Zeile für Zeile von oben nach unten bearbeiten und als erstes haben Sie sechs Quadrate vor sich. Diese sollen Ihre Sammlung aufnehmen, die Sie in diesem ersten Schritt erstellen:

- In den **Quadraten 1–3** sammeln Sie **Vorlieben, Interessen** und auch **Stärken**, noch ganz unabhängig von einem Studium.
- In den **Quadraten 4–5** ist Platz für **konkrete Fächer und Berufe**, die Sie irgendwoher kennen und die Ihnen für sich selbst interessant erscheinen. Im jeweiligen Abschnitt und ausführlicher in → Teil III werden Ihnen dazu auch noch Infoquellen genannt, die Sie vielleicht nicht kennen und an dieser Stelle noch nutzen können.
- **Quadrat 6** wird die **Ergebnisse einer Werteanalyse** enthalten, bei der es darum geht, dass Sie herausfinden, welche allgemeinen Ziele und Werte Ihnen wichtig sind. Dies sind grundlegende Ansprüche wie Glück erleben, erfolgreich zu sein oder unabhängig sein Leben gestalten zu können. Ergänzend dazu ist es noch wichtig, welche beruflichen Wertvorstellungen Sie haben. Diese beziehen sich spezieller auf die zukünftige Arbeit und beinhalten beispielsweise die konkreten Aufstiegsmöglichkeiten, das Arbeiten in einem Team oder die Vereinbarkeit von Familie und Beruf. Auch solche Vorstellungen müssen für eine gute Entscheidung berücksichtigt werden, weil verschiedene Werte mit unterschiedlichen Berufen umgesetzt werden können.

1.1 Allgemeine Vorlieben und Interessen sammeln: Was tue ich gern?

Nehmen Sie sich nun am besten ein leeres Blatt, damit Sie genügend Platz haben. Die Sammlung können Sie am Schluss in das Quadrat 1 Ihres Studienwahlbogens übertragen. Da Sie sich später von allgemeinen Überlegungen zu immer konkreter und spezieller werdenden Fragen durcharbeiten, dürfen Sie zunächst für Quadrat 1 wirklich ganz alltägliche Dinge sammeln. Sie sollen dabei noch gar nicht an konkrete Fächer oder Berufe denken, sondern wirklich nur an die Dinge, die Sie im Alltag tun. Die Frage für die Sammlung lautet daher ganz einfach:

Quadrat 1: Was tue ich gern?

Schreiben Sie ungeprüft drauf los und wenn Sie ein paar Anregungen brauchen, dann schauen Sie sich das Beispiel für das Quadrat 1 an.

Download der Vorlagen unter
uvk-lucius.de/abi-was-nun

Abb. 2: Beispiel für Quadrat 1 des Studienwahlbogens

Übertragen Sie die gefundenen Tätigkeiten in das freie Quadrat des Studienwahlbogens und versuchen Sie dabei, das eine oder andere zusammenzufassen. Wenn beispielsweise auf Ihrer Liste „Musik hören, Gitarre spielen, Konzerte besuchen, eigene Songs komponieren“ steht, dann können Sie das mit der Umschreibung „Musik machen und hören“ zusammenfassen.

1.2 Fähigkeiten und Stärken sammeln: Was kann ich gut?

Das zweite Quadrat wird nun schon etwas spezieller, denn es soll ein wichtiger Unterschied gemacht werden zum ersten Quadrat. Jetzt sollen die Dinge Sie nicht nur interessieren und Spaß machen, sondern Sie halten jenes fest, was Sie tatsächlich für Ihre Verhältnisse gut können. Wieder geht es noch gar nicht um einen späteren Beruf, sondern um all das, was Sie jetzt gerade tatsächlich tun und gut können. Sind Sie vielleicht derjenige, den man immer gerne zuerst fragt, wenn es darum geht, etwas zu reparieren oder zu renovieren? Dann scheinen Sie das wohl ganz gut zu können. Oder nähen Sie sich selbst Kleidung und werden von Freunden gebeten, auch für sie etwas zu nähen? Dann müssen die Kleidungsstücke gut geworden sein, denn sonst würde man Sie ja nicht fragen. Und vielleicht sind Sie in irgendeiner Sache sogar etwas erfolgreich? Vielleicht beim Sport? Denn möglicherweise trainieren Sie regelmäßig und wenn Ihr Verein an einem Turnier teilnimmt, dann erreichen Sie den einen oder anderen guten Platz aufgrund Ihrer Leistung? Auch so etwas gehört zu dieser Sammlung. Was Ihnen hierzu einfällt, kann sich natürlich mit Quadrat 1 überschneiden. Das würde dann bedeuten, dass Sie etwas gern machen (Quadrat 1) und sogar gut können (Quadrat 2). Lassen Sie es aber auf keinen Fall weg, nur weil es schon in Quadrat 1 steht. Der Unterschied ist wichtig, weil man nicht alles, was man gern macht, auch wirklich gut können muss. Und anders herum gilt auch: etwas, was ich gut kann, muss ich nicht automatisch gern machen. Dennoch gehört es zu meinen Fähigkeiten und Stärken. Nehmen Sie sich nun ein neues leeres Blatt, damit Sie uneingeschränkten Platz für Ihre Sammlung haben. Die Frage dafür lautet:

Quadrat 2: Was kann ich gut?

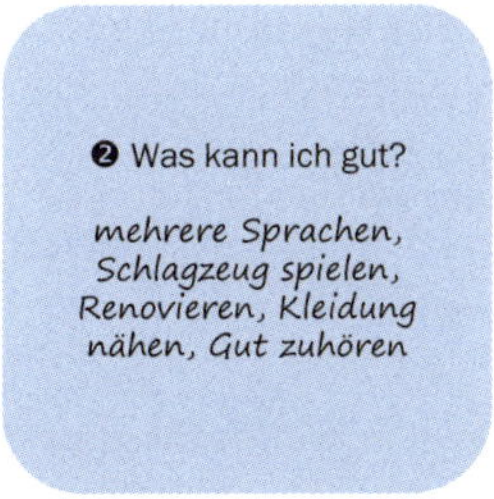

Download der Vorlagen unter
uvk-lucius.de/abi-was-nun

Abb. 3: Beispiel für Quadrat 2 des Studienwahlbogens

Übertragen Sie nun wieder Ihr Ergebnis in das freie Quadrat des Studienwahlbogens und versuchen Sie auch hier wieder etwas zusammen zu fassen. In der beispielhaften Abbildung steht etwa „Mehrere Sprachen", weil man nicht jede Sprache einzeln aufführen braucht und automatisch mit der Zusammenfassung eine allgemeine Fähigkeit beschreibt.

1.3 Problemanalyse: Welche Probleme sprechen mich an?

Wenn wir Menschen uns grundsätzlich darin unterscheiden, ob wir mehr politisch interessiert sind, ob uns technische Tüfteleien herausfordern oder wir uns um Natur- und Umweltschutz kümmern, dann ist es wichtig, diesen Unterschied festzuhalten, da es eine wichtige Aussage über Ihre Person bedeutet. Überlegen Sie dazu Folgendes: für welche Probleme in Ihrer direkten Umgebung, in unserer Gesellschaft, in anderen Ländern oder auf der ganzen Welt interessieren Sie sich? Welche zu lösenden Aufgaben sprechen Sie an, so dass Sie sich Gedanken dazu machen oder vielleicht auch schon aktiv geworden sind? Nehmen Sie sich wieder ein neues leeres Blatt, damit Sie genügend Platz für Ihre Überlegungen haben. Die Frage dafür lautet:

Quadrat 3: Welche Probleme sprechen mich an?

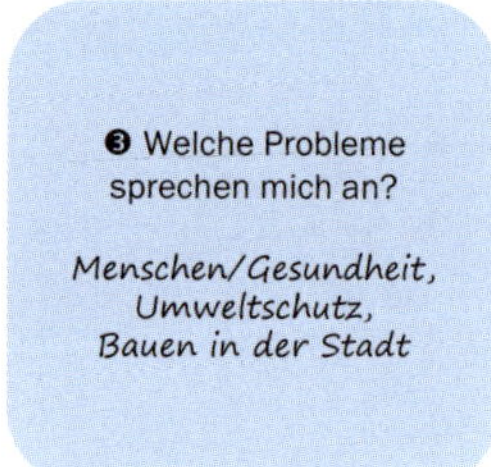

Abb. 4: Beispiel für Quadrat 3 des Studienwahlbogens

Download der Vorlagen unter uvk-lucius.de/abi-was-nun

Damit haben Sie ein nächstes Teilerlebnis und können das dritte Quadrat des Studienwahlbogens ausfüllen.

1.4 Welche Fächer und Berufe sprechen mich an?

Mit dem vierten Quadrat geht es nun eindeutig um konkrete Studiengänge und Berufe, die in irgendeiner durchaus unspezifischen Weise Ihr Interesse wecken.

Als Infoquelle können Sie zunächst auf Fächer und Berufe zurückgreifen, die Sie kennen und die Sie irgendwie interessieren. Versuchen Sie immer noch möglichst unkritisch zu bleiben. Lehnen Sie spontane Einfälle nicht gleich ab, etwa weil Sie der Meinung sind, dafür sowieso keinen ausreichenden Abischnitt zu schaffen. Die Überprüfung Ihrer Ideen erfolgt nämlich später an anderer Stelle.

Nehmen Sie sich ein neues Blatt Papier und denken Sie zunächst an Berufe in Ihrer Umgebung, also in Ihrer Familie, Nachbarschaft oder Berufe von Freunden. Ist da etwas dabei, das Ihnen interessant erscheint? Wenn Ihre Eltern beispielsweise Lehrer sind: könnten Sie sich das auch für sich selbst vorstellen? Und an welche Berufe denken Sie noch, ohne jemand konkret zu kennen, der den Beruf ausübt? Und genauso können Sie mit Fächern umgehen. Welche sind Ihnen bekannt, weil vielleicht Freunde davon erzählt haben? Und welche kennen Sie noch, die sich irgendwie interessant anhören?

▶ Web-Tipp

Sie können den einzelnen Ideen noch etwas konkreter nachgehen, in dem Sie sich offizielle Berufsbeschreibungen dazu anschauen. Unter www.berufenet.arbeitsagentur.de finden Sie eine Datenbank mit über 3.500 Ausbildungs- und Tätigkeitsbeschreibungen. Sie geben einfach einen Beruf ein und erhalten eine grobe Beschreibung, was die Tätigkeit beinhaltet und was Sie dafür absolvieren müssen.

Notieren Sie nun Ihre Ideen für die vierte Frage.

Quadrat 4: Welche Fächer oder Berufe sprechen mich an?

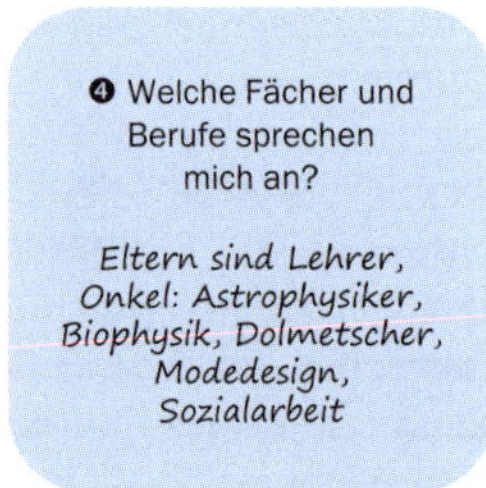

Download der Vorlagen unter
uvk-lucius.de/abi-was-nun

Abb. 5: Beispiel für Quadrat 4 des Studienwahlbogens

Nun kann es sein, dass Sie gar keine Ideen haben oder sich vorgenommen haben, sich gezielt um eine größere Auswahl zu kümmern. Dann nutzen Sie die in → Teil III *Services zur Studienwahl* unter *Abschnitt 1* vorgestellten und dazu passenden Infoquellen, die unterschiedlich aufwändig sind, Ihnen dafür aber auch ausführliche Anregungen geben können. Nicht zuletzt wird dort auch noch auf Studienwahltests eingegangen. Wenn Sie nun vorhaben, eine oder mehrere dieser Infoquellen zu nutzen, dann sollte Ihre Arbeit am Studienwahlbogen so lange pausieren. Denn es kann gut sein, dass Sie dabei auf einen eindeutig für Sie passenden Studiengang stoßen und Sie keinen Studienwahlbogen mehr brauchen. Wesentlich häufiger passiert es aber, dass Sie weitere Anregungen in Form neuer Ideen bekommen und damit noch mehr Daten haben, aus denen eine Entscheidung resultieren soll. Dann werden Sie den Studienwahlbogen wieder hervorholen und die weiteren Schritte in den folgenden Kapiteln bearbeiten.

1.5 Weitere Informationen nutzen und verwerten

Es gibt noch eine Reihe möglicher Erfahrungen, die Sie gemacht haben, und die bisher unberücksichtigt geblieben sind. Dazu gehören etwa ein freiwilliger Dienst wie das FSJ (Freiwilliges Soziales Jahr), ein Au-Pair-Aufenthalt im Ausland oder ein bereits geleistetes Praktikum. Was Sie alles für das fünfte Quadrat einbeziehen können, finden Sie im nächsten Kasten aufgelistet. Wenn Sie eine oder mehrere dieser Infoquellen bereits mitgemacht haben, dann können Sie diese gleich entsprechend auswerten. Natürlich sagt die Art der Tätigkeit grundsätzlich etwas über Ihre Werte und Haltungen aus. An dieser Stelle ist es aber vor allem wichtig, dass Sie dadurch bestimmte neue Fähigkeiten kennenlernen und sich aneignen konnten oder bestehende Fähigkeiten ausgebaut haben. Überlegen Sie daher, was Ihre Tätigkeit ausmachte und welche anhaltenden Erfahrungen Sie aus diesem Engagement mitgenommen haben. Tragen Sie diese dann in das Quadrat 5 ein.

Freiwilligendienste

- Freiwilliges Soziales Jahr (FSJ)
- Freiwilliges Ökologisches Jahr (FÖJ)
- Freiwilligendienst im Ausland
- Bundesfreiwilligendienst oder Freiwilliger Wehrdienst

Au-Pair-Aufenthalt, Work and Travel

Praktikum

Job

Erststudium

Angeschlossene Berufsausbildung

Arbeitserfahrung

Wenn Sie stattdessen durch diese Auflistung auf die Idee kommen, zunächst so eine Sache noch absolvieren zu wollen, dann finden Sie in → Teil III *Services für die Studienwahl* unter *Abschnitt 2* zu jeder Aktion eine Beschreibung und hilfreiche Adressen für das Internet, um es in die Tat umzusetzen. Dann müsste der Studienwahlbogen natürlich so lange pausieren, da Sie zum jetzigen Zeitpunkt nicht wissen können, welche wertvollen und verwertbaren Erfahrungen tatsächlich noch dazu kommen werden.

Quadrat 5: Welche Interessen und Fähigkeiten aus den im Kasten genannten Infoquellen kann ich festhalten?

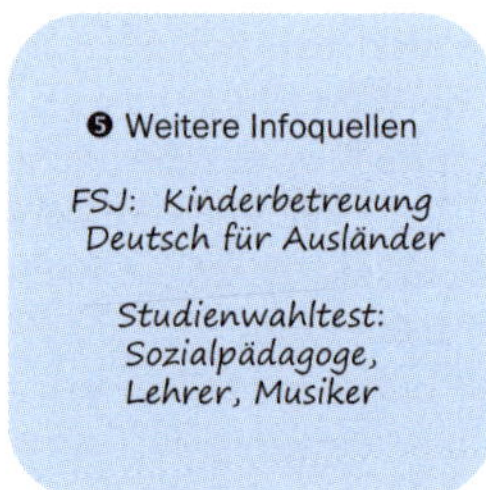

Download der Vorlagen unter
uvk-lucius.de/abi-was-nun

Abb. 6: Beispiel für Quadrat 5 des Studienwahlbogens

1.6 Werteanalyse: Kenntnis der persönlichen Ziele und (beruflichen) Wertvorstellungen

Wenn wir eine Auswahl treffen, dann ist es Aufgabe unseres Gewissens zu prüfen, ob die Sache, für die wir uns entschieden haben, mit unseren grundsätzlichen Einstellungen, also den Werten und Idealen, und mit unserem persönlichen Ziel übereinstimmt. Diese sind uns nicht immer bewusst, werden aber genau jetzt noch benötigt, denn nur, wenn Sie Ihre eigenen, eben nur für Sie allein geltenden Wertvorstellungen kennen, können Sie zielgerichtet aktiv werden. Sie können sich sicher vorstellen, dass es einen Unterschied macht, ob Sie in der Wirtschaft viel Geld verdienen oder ob Sie sich vor allem für den lokalen Artenschutz einsetzen wollen.

Diese Vorstellungen müssen zu verschiedenen Berufen führen, weil Sie das erste Ideal wohl mit BWL und das zweite Ideal eher mit Biologie umsetzen könnten.

Deshalb beschäftigen Sie sich in diesem sechsten und letzten Quadrat mit den für Sie geltenden übergeordneten, also allgemeinen Werten, die Sie gleich im Anschluss mit dem Fragebogen *Persönliche Wertvorstellungen* herausfinden. Und im Speziellen interessieren dann auch noch die beruflichen Wertvorstellungen. Dazu finden Sie nach dem Fragebogen eine umfangreiche Checkliste mit Kriterien, aus der Sie direkt auswählen können.

Bedenken Sie vor dem Bearbeiten bitte noch Folgendes: Die für Sie persönlich geltenden Werte sind eine eigene Auswahl. Dabei geht es aber nicht darum, einzelne Werte mit einem Berufsziel zu erfüllen, sondern alle Werte mit jeweils unterschiedlichen Gewichtungen zu berücksichtigen. Es ist daher nicht Ihre Aufgabe, möglichst viele Werte für sich zu finden, denn das macht Sie nicht wertvoller. Sind nur wenige Werte für Sie bedeutsam, dann haben diese – oder einzelne davon – einen eher höheren Stellenwert. Und was Sie jetzt noch nicht wissen müssen: wie verteilen sich meine Werte wohl in 5 Jahren? Oder in 10 Jahren? Unwahrscheinlich ist es, dass einzelne Werte grundsätzlich verschwinden. Was aber tatsächlich passieren kann, ist, dass sich aufgrund von Erfahrungen oder neuen Vorstellungen und Plänen die Werte in ihrer Bedeutsamkeit verschieben. War Ihnen bisher eine interessante Tätigkeit sehr wichtig und dafür war es egal, wie lange Sie unterwegs und von zuhause weg sind, dann kann mit der Gründung einer eigenen Familie ein anderer Wert in den Vordergrund rücken: mehr Freizeit zu haben, um Zeit für die eigenen Kinder und den Partner zu haben. Oder stellen Sie sich vor, Sie lernen durch konkrete Tätigkeiten immer besser kennen, was für Sie eigentlich *Gute Arbeitsbedingungen* sind. Es kann sein, dass Sie einen Arbeitsplatz vielleicht deshalb wechseln, um die konkrete Arbeitsplatzgestaltung zu verändern, obwohl sich die Aufstiegsmöglichkeiten und das selbständig arbeiten können dadurch gar nicht verbessern. Muss ja auch nicht, denn Ihnen ging es nun hauptsächlich um den konkreten Arbeitsplatz und dessen Gestaltung.

1.6.1 Persönliche Wertvorstellungen (✐ Fragebogen)

Finden Sie mit dem folgenden Fragebogen selbst Ihre persönlichen Wertvorstellungen und Ihre Ideale heraus und wie wichtig diese für Sie sind. Der Fragebogen lehnt sich an eine Arbeit der beiden Wissenschaftler Shalom H. Schwartz und Wolfgang Bilsky an (das Schwartz Value Inventory), der auch im *abi Berufswahl-Magazin (1994)* übersetzt veröffentlicht wurde. Für dieses Buch wurde er mit zeitgemäß formulierten und auch ganz neuen Statements zu sieben unterschiedlichen Bereichen versehen. Überlegen Sie zu jedem Statement, wie sehr es auf einer Skala zwischen 1 und 7 auf Sie zutrifft. Da es um Ihre innere Haltung geht, kann es keine richtigen oder falschen Antworten geben und es hilft, wenn Sie möglichst spontan Ihr Kreuz setzen. Im Anschluss an die 35 Statements können Sie den Fragebogen selbst auswerten und das Ergebnis in das sechste Quadrat übertragen.

1. Ich will Freude und Glück erleben

	trifft nicht zu ↔ trifft zu
Bei aller Ernsthaftigkeit der Dinge gehört für mich auch Spaß zum Leben dazu.	1 2 3 4 5 6 7
Das Leben sollte nicht nur aus Arbeit bestehen.	1 2 3 4 5 6 7
Ich finde, glücklich zu sein ist ein erstrebenswertes Ziel.	1 2 3 4 5 6 7
Ich bin gerne mit fröhlichen Menschen zusammen.	1 2 3 4 5 6 7
Ich freue mich gern über schöne Dinge.	1 2 3 4 5 6 7
	Summe 1: ______

2. Mir ist ein soziales Miteinander wichtig

	trifft nicht zu ↔ trifft zu
Alltägliches Benehmen, wie Grüßen, pünktlich zu sein oder eine Tür aufzuhalten, ist für mich selbstverständlich.	1 2 3 4 5 6 7
Ich achte auf Sauberkeit und eine gewisse Ordnung.	1 2 3 4 5 6 7

Ich halte mich an Dinge, die ich zugesagt habe.	1 2 3 4 5 6 7
Ich kann mich auch zurückhalten und anderen genügend Platz einräumen.	1 2 3 4 5 6 7
Eine Gesellschaft braucht Regeln, die für alle gemeinsam gelten und an die sich alle halten sollten.	1 2 3 4 5 6 7
	Summe 2: ______

3. Ich will kompetent und produktiv sein

	trifft nicht zu ↔ trifft zu
Ich studiere, um auf meinem Gebiet Kompetenzen zu erlangen.	1 2 3 4 5 6 7
Ich möchte beruflich gesehen etwas erreichen.	1 2 3 4 5 6 7
Wenn ich etwas leiste, möchte ich, dass andere dies anerkennen.	1 2 3 4 5 6 7
Auf neue Herausforderungen möchte ich immer positiv reagieren können.	1 2 3 4 5 6 7
Ich zeige einen gewissen Einsatz, damit auch etwas dabei herauskommt.	1 2 3 4 5 6 7
	Summe 3: ______

4. Ich will selbständig und autonom sein

	trifft nicht zu ↔ trifft zu
Für mich ist es wichtig, in meinem Leben unabhängig sein zu können.	1 2 3 4 5 6 7
Dinge, die ich mir selbst überlege, möchte ich auch gern umsetzen können.	1 2 3 4 5 6 7
Ich möchte mich nicht immer nach anderen richten müssen.	1 2 3 4 5 6 7
Beim Arbeiten möchte ich meine eigenen Vorstellungen einbringen können.	1 2 3 4 5 6 7
Ich bin nicht gern mit Menschen zusammen, die sich in alles einmischen wollen.	1 2 3 4 5 6 7
	Summe 4: ______

5. Mir sind Sicherheit und Frieden wichtig

	trifft nicht zu ↔ trifft zu
Es gibt zu viel Gewalt und Ungerechtigkeit auf der Welt.	1 2 3 4 5 6 7
Freiheit ist ein wichtiges Gut aller Menschen.	1 2 3 4 5 6 7
Die Menschheit sollte in Frieden zusammen leben können.	1 2 3 4 5 6 7
Ich würde gern etwas dazu tun, damit es weniger Gewalt auf der Welt gibt.	1 2 3 4 5 6 7
Mit meinen Freunden und meiner Familie möchte ich in einem sicheren Land leben.	1 2 3 4 5 6 7
	Summe 5: ______

6. Mir ist Gerechtigkeit wichtig

	trifft nicht zu ↔ trifft zu
Alle Menschen sollten die gleichen Rechte haben.	1 2 3 4 5 6 7
Ich helfe gern anderen Menschen.	1 2 3 4 5 6 7
Es ist mir wichtig, anderen Menschen gegenüber fair zu sein.	1 2 3 4 5 6 7
Man sollte nicht im Streit auseinander gehen und es dann dabei belassen.	1 2 3 4 5 6 7
Organisationen, die sich für die Menschheit einsetzen, sind wichtig.	1 2 3 4 5 6 7
	Summe 6: ______

7. Ich will an Reife gewinnen

	trifft nicht zu ↔ trifft zu
Ich möchte mehr und mehr aus der Ruhe die Kraft schöpfen.	1 2 3 4 5 6 7
Freunde fürs Leben sind wichtiger als die vielen vergänglichen Dinge.	1 2 3 4 5 6 7
Je älter, desto weiser – das will ich auch einmal von mir sagen können.	1 2 3 4 5 6 7

Auch einfache Dinge möchte ich als durchaus schön betrachten können.	1 2 3 4 5 6 7
Kulturelle Errungenschaften der Menschheit gehören gewürdigt und geschützt.	1 2 3 4 5 6 7

Summe 7: ______

Auswertung

Übertragen Sie die Summen der sieben Bereiche in die folgende Tabelle, damit Sie die Rangreihenfolge erkennen können. Vergeben Sie dazu Platz 1 bis 7, wobei Platz 1 dem Wert gebührt, der die meisten Punkte bekommen hat.

	Summe	Platz
1. Ich will Freude und Glück erleben	_____	_____
2. Mir ist ein soziales Miteinander wichtig	_____	_____
3. Ich will kompetent und produktiv sein	_____	_____
4. Ich will selbständig und autonom sein	_____	_____
5. Mir sind Sicherheit und Frieden wichtig	_____	_____
6. Mir ist Gerechtigkeit wichtig	_____	_____
7. Ich will an Reife gewinnen	_____	_____

Die Wertvorstellungen mit einer hohen Summe sind also wichtig, bei einer Studienwahl berücksichtigt zu werden. Tragen Sie diese daher als erstes Ergebnis in das Quadrat 6 ein. Im letzten Teil der Standortbestimmung geht es nun noch um die beruflichen Wertvorstellungen.

1.6.2 Berufliche Wertvorstellungen (✎ Fragebogen)

Auch in diesem Abschnitt geht es um allgemeine Ansprüche, die man an seinen Beruf und seinen Arbeitsplatz stellt. Denn natürlich macht es einen Unterschied, ob man vor allem viel Geld verdienen will, möglichst selbständig arbeiten kann oder eine in erster Linie sichere Anstellung hat. Da diese Unterschiede ein Ausdruck Ihrer Persönlichkeit sind, sollen die beruflichen Wertvorstellungen mit der Auflistung am Ende dieses Abschnitts gefunden werden.

In einer Studie, an der sich rund 9.000 Studienberechtigte beteiligten, wurden vor allem gute Karrierechancen, gesellschaftliche Anerkennung und ein hohes Einkommen genannt. Um das zu erreichen, würden der Lernstress, die eingeschränkten finanziellen Möglichkeiten und die höheren Leistungsanforderungen, die ein Studium mit sich bringt, in Kauf genommen. Und im Zusammenhang mit der Motivation, die von einem Arbeitsplatz ausgeht, haben die Forscher Hackman und Oldham bereits 1975 fünf wichtige Werte gefunden. Diese haben sie beschrieben als:

- die Anforderungsvielfalt
  (der Arbeitsplatz beinhaltet verschiedene Tätigkeiten und den Einsatz unterschiedlicher Fähigkeiten),
- die Ganzheitlichkeit der Aufgabe
  (es werden vollständige Aufgaben von der Planung bis zur Kontrolle ausgeführt),
- die Bedeutsamkeit der Aufgabe
  (die Tätigkeit beeinflusst andere Personen innerhalb und außerhalb der Einrichtung),
- die Autonomie
  (Entscheidungsfreiheit, fachlicher Spielraum) und
- die Rückmeldung
  (durch die Aufgabe, Kollegen oder Vorgesetzte erfolgt eine Rückmeldung zur Qualität der Arbeit).

Nur an diesen beiden Untersuchungsergebnissen können Sie schon sehen, wie vielfältig die Wünsche in Bezug auf den Arbeitsplatz bzw. den Beruf sein können. Widmen Sie sich daher nun der folgenden Checkliste, um Ihre eigenen beruflichen Wertvorstellungen herauszufinden.

Fragebogen: Berufliche Wertvorstellungen

Denken Sie an Ihren späteren Arbeitsplatz und schätzen Sie für sich auf der Skala von 1 (unwichtig) bis 7 (wichtig) ein, wie wichtig die jeweilige Bemerkung für Sie persönlich ist.

	1	2	3	4	5	6	7
Gute Karrierechancen / Aufstiegsmöglichkeiten	□	□	□	□	□	□	□
Hohes Einkommen	□	□	□	□	□	□	□
Soziale Anerkennung erlangen	□	□	□	□	□	□	□
Eine sichere berufliche Zukunft haben	□	□	□	□	□	□	□
Eine interessante Tätigkeit ausüben	□	□	□	□	□	□	□
Selbständig arbeiten	□	□	□	□	□	□	□
Verantwortung / Entscheidungskompetenz haben	□	□	□	□	□	□	□
Kontakt zu Menschen / Kunden / Patienten	□	□	□	□	□	□	□
Nützlich für die Gesellschaft sein	□	□	□	□	□	□	□
Anderen helfen können	□	□	□	□	□	□	□
Eine sinnvolle Tätigkeit ausüben	□	□	□	□	□	□	□
Gute Arbeitsbedingungen haben	□	□	□	□	□	□	□
Verschiedene Fähigkeiten einsetzen	□	□	□	□	□	□	□
Aufgaben von Anfang bis Ende ausführen	□	□	□	□	□	□	□
Teil eines Teams sein und meinen Beitrag leisten	□	□	□	□	□	□	□
Unterschiedliche Tätigkeiten ausüben	□	□	□	□	□	□	□
Einer klar beschriebenen Tätigkeit nachgehen	□	□	□	□	□	□	□
Eine leitende Position erreichen	□	□	□	□	□	□	□
Mehr praktisch als theoretisch arbeiten	□	□	□	□	□	□	□
Wissenschaftlich arbeiten	□	□	□	□	□	□	□
Beruf und Familie vereinbaren können	□	□	□	□	□	□	□
Soziales Engagement	□	□	□	□	□	□	□
Eigene Ideen einbringen können	□	□	□	□	□	□	□
Rückmeldung zur Qualität der Arbeit bekommen	□	□	□	□	□	□	□

Tragen Sie nun alle Bedingungen, die 5 oder mehr Punkte bekommen haben, in das sechste Quadrat ein. Dieses sind Bedingungen, die bei Ihrer Studienwahl eine Rolle spielen können, da der mit dem Abschluss eines Faches später ausgeübte Beruf für Sie u.a. diese Bedingungen erfüllen soll.

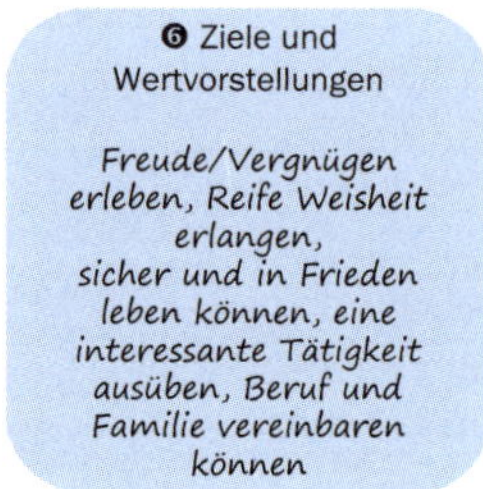

Download der Vorlagen unter
uvk-lucius.de/abi-was-nun

Abb. 7: Beispiel für Quadrat 6 des Studienwahlbogens

Damit ist das sechste und letzte Quadrat ausgefüllt und Sie sind fertig mit diesem Abschnitt, in dem es um eine Standortbestimmung ging, für die Sie sechs verschiedene Quellen genutzt haben.

2 Schritt ❷: Die Verallgemeinerung

Aus der noch recht groben und vielfältigen ersten Sammlung von Fähigkeiten und Interessen aus der Selbstanalyse sollen Sie nun wie bei einer Zusammenfassung übergeordnete Begriffe finden. Auf dem Studienwahlbogen ist für Schritt 2 eine große Ellipse vorgesehen, die Ihr Ergebnis für diesen Schritt festhält. Dafür ist nun folgendes zu tun:

Für das sechste Quadrat haben Sie allgemeingültige Feststellungen erarbeitet, die genau so 1:1 übernommen werden können. Übertragen Sie die Ergebnisse aus Quadrat 6, welche vom Fragebogen

„Persönliche Wertvorstellungen“ und von der Checkliste „Berufliche Wertvorstellungen“ stammen, in die große Ellipse ein.

Nun sollen aus den Einträgen in den übrigen 5 Quadraten zusammenfassende oder verallgemeinernde Begriffe gefunden werden. Dazu schauen Sie sich die Quadrate 1–5 nacheinander an und fragen sich, ob es identische oder zusammen passende Beschreibungen gibt, die in mehreren Quadraten auftauchen.

An unserem Beispiel zeige ich Ihnen einmal, wie das aussehen könnte. Schauen Sie sich dazu die 5 Beispielquadrate genauer an:

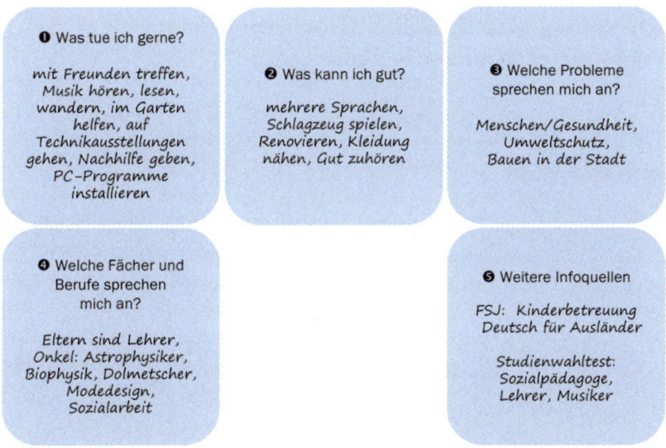

Download der Vorlagen unter
uvk-lucius.de/abi-was-nun

Abb. 8: Quadrate Nr. 1–5 des Studienwahlbogens (Beispiel)

Fällt Ihnen etwas auf, das mehrmals auftaucht und irgendwie zusammen gehören könnte? Am deutlichsten ist da zunächst etwas mit *Lehrer* und *Sprachen*, denn dazu gibt es folgende Hinweise:

- **Quadrat 1:** Nachhilfe geben
- **Quadrat 2:** Mehrere Sprachen / Gut zuhören
- **Quadrat 3:** Menschen
- **Quadrat 4:** Eltern sind Lehrer
- **Quadrat 5:** Kinder betreut / Deutsch für Ausländer gegeben / Studienwahltest: Lehrer

Sie können also schon mal *Lehrer* und *Sprachen* als übergeordnete Begriffe in die Ellipse schreiben.

Auch die Musik scheint eine wichtige Rolle zu spielen. Sie taucht in drei Quadraten auf:

- **Quadrat 1:** Musik hören
- **Quadrat 2:** Schlagzeug spielen
- **Quadrat 5:** Studienwahltest: Musiker

In die Ellipse darf also ruhig ein Begriff wie *Musik* oder *musikalisch* geschrieben werden, denn das fast die Quadrate gut zusammen.

Im Moment haben wir folgendes Zwischenergebnis und tun einmal so, als käme nichts mehr in der Ellipse dazu:

- Lehrer
- etwas mit Sprache
- etwas mit Musik

Eine spontane Idee wäre, dies zu kombinieren und daher ein Lehrer für Englisch und Musik zu werden. Aber genauso könnten Sie Musik studieren und damit Musiker oder freiberuflicher Musiklehrer werden.

Mindestens diese Ideen gilt es zu überprüfen. Aber wir haben die Quadrate noch nicht voll ausgeschöpft. Denn eine technische Seite gibt es auch noch:

- **Quadrat 1:** Technikausstellungen PC-Programme installieren
- **Quadrat 2:** Renovieren
- **Quadrat 3:** Bauen in der Stadt/Umweltschutz
- **Quadrat 4:** Onkel: Astrophysiker/Biophysik

Und deshalb wird die Ellipse um diese technisch-naturwissenschaftlichen Hinweise ergänzt, etwa mit den Begriffen *Technik*, *Bauen* und *Physik*.

Da nun noch eine letzte Sache in immerhin zwei Quadraten auftaucht, sollte diese doch besser berücksichtigt werden:

- **Quadrat 2:** Kleidung nähen
- **Quadrat 4:** Modedesign

Vielleicht sind Sie jetzt schon etwas geübter und sehen selbst, dass ein Stichwort *Mode* noch in die Ellipse sollte. Und auf diese Art und Weise schauen Sie sich nun bitte Ihre eigenen fünf Quadrate an und versuchen, zusammenfassende Begriffe zu finden. Sie können sich dabei gern von Freunden und Familie helfen lassen. Eine andere Möglichkeit wäre, an dieser Stelle die Allgemeine Studienberatung von einer Hochschule in Ihrer Nähe aufzusuchen und in einem Beratungsgespräch diesen Schritt gemeinsam zu bearbeiten. Damit wäre Schritt 2 geschafft und die Ellipse unseres Beispiels sieht so aus:

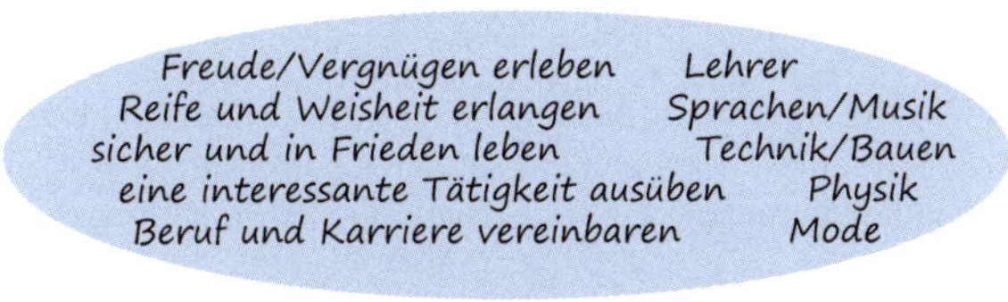

Abb. 9: Ellipse des Studienwahlbogens (Beispiel)

Auch diese Sammlung soll nun als nächstes noch mehr zusammengefasst werden, in dem Sie aus den allgemein gehaltenen Formulierungen und ersten sich abzeichnenden Richtungen ganz konkrete Fächer ableiten. In diesen sollen so vollständig wie möglich die eben gefundenen Kriterien repräsentiert sein. Dies geschieht in Schritt 3.

3 Schritt ❸: Konkrete Fächer formulieren

Ideal wäre es, wenn man jetzt schon eine konkrete Vorstellung davon hätte, in welchem Beruf man später einmal arbeiten will, z.B. Arzt, Lehrer oder Rechtsanwalt. Der Weg dorthin ist dann ziemlich eindeutig, denn als Arzt dürfen Sie nur praktizieren, wenn Sie Medizin studiert haben. Welcher Weg zu welchem Beruf führt, finden Sie mit Hilfe von berufenet.arbeitsagentur.de heraus: geben Sie den Beruf ein und Ihnen wird angezeigt, welche Studiengänge dahin führen.

Andererseits zielen eben die meisten Studiengänge gar nicht so direkt auf einen konkreten Beruf hin. Das ergibt sich für die meisten dann erst während des Studiums, weil man einzelne Fachgebiete kennenlernen oder durch Praktika Einblicke in konkrete Tätigkeitsfelder erlangen kann. Die Bundesagentur für Arbeit ist da auch mit entsprechenden Veranstaltungen während des Studiums behilflich. Die heißen dann beispielsweise *Berufsfelder für Geisteswissenschaftler.* Aber auch dazu müsste man ja schon einen enormen Schritt weiter sein und wissen, was man studieren will.

Sie sind stattdessen in Schritt 3 angekommen. Für Sie heißt es nun in diesem Abschnitt, für die in der Ellipse enthaltene Sammlung konkrete Fächer zu finden. Dabei sollen Ihnen drei Methoden behilflich sein, in dem sie Ihnen auf sehr unterschiedliche Art und Weise Fächer bzw. Fachgebiete anbieten. Immerhin gibt es fast 15.000 Studiengänge, die Sie ja gar nicht alle kennen können.

3.1 Methode 1: Was gibt es sonst noch mit...?

Diese Methode hilft Ihnen, wenn Sie in einem eingrenzbaren Gebiet sehr eindeutige Interessen haben. Sind Sie vielleicht an Mathematik interessiert, dann fällt Ihnen möglicherweise zuerst der Mathe-Lehrer als Beruf ein. Wahrscheinlich gibt es noch viel mehr, doch in welchen anderen Studienfächern sind Interesse und Kenntnisse in Bezug auf Mathematik ebenso gefordert und damit für Sie umsetzbar? Das Internetangebot www.kursnet.de wird von der Agentur für Arbeit bereitgestellt. Wenn Sie hier „Mathematik" eingeben, erhalten Sie auch andere passende Fächer, nämlich Bionik, Ingenieurwissenschaften oder Ozeanographie. Wer hätte das vorher wissen können? Nutzen Sie ruhig einmal diese Methode, denn so stoßen Sie vielleicht auf etwas völlig Neues und vor allem Interessantes. Mit dem vierten Schritt gehen Sie den Neuentdeckungen dann näher auf den Grund.

▶ Web-Tipp

Gezielte Suche bei einem eindeutigen Interesse: kursnet.de

3.2 Methode 2: In einem Sachgebiet nach einem Fach suchen

Sie können die fast 15.000 Studiengänge auch noch mit einer anderen Methode deutlich reduzieren, denn die HRK (Hochschulrektorenkonferenz) hat sieben Sachgebiete festgelegt, auf die sich alle Studiengänge verteilen lassen. Für Sie ist das der Vorteil, dass Sie damit quasi Schubladen angeboten bekommen. Und es lohnt sich dann, in der einen mehr zu suchen als in den anderen. Schauen Sie sich also die sehr groben Sachgebiete an und überlegen Sie, in welchem Sachgebiet Sie aufgrund Ihrer Interessen und Fähigkeiten am besten aufgehoben wären. Nehmen Sie dann die aufgeführten Fächer als Anregung, um sich, wie in Schritt 4 beschrieben, über das eine oder andere Fach näher zu informieren. Die Sachgebiete sind in alphabetischer Reihenfolge sortiert:

✱ Agrar-, Forst-, Haushalts- und Ernährungswissenschaften

- Agrarwissenschaft
- Ernährungswissenschaften
- Forstwissenschaft
- Gartenbau
- Haushaltswissenschaften
- Lebensmitteltechnologie
- Wasserwissenschaften

✱ Gesundheitswissenschaften und Medizin

- Gesundheitswissenschaften
- Medizin
- Psychologie, allgemeine
- Sport, allgemeiner

✱ Ingenieurwissenschaften

- Architektur, allgemeine
- Bauingenieurwesen, allgemeines
- Bergbau, allgemeiner
- Drucktechnik
- Elektrotechnik, allgemeine
- Fahrzeug- und Verkehrstechnik
- Hüttenwesen
- Maschinenbau, allgemeiner
- Meerestechnik
- Raumplanung
- Technik, allgemein
- Umwelttechnik
- Verfahrenstechnik, Chemieingenieurwesen
- Vermessungswesen, allgemeines
- Werkstofftechnologie, Materialwissenschaft

✱ Kunst und Musik

- Bühnenbild
- Gestaltung, allgemeine
- Kunst
- Musik
- Schauspiel/Film/Fernsehen

✱ Mathematik und Naturwissenschaften

- Biologie, allgemeine
- Chemie, allgemeine
- Geowissenschaften, allgemeine
- Informatik
- Mathematik
- Pharmazie, allgemeine
- Physik

✱ Rechts-, Wirtschafts- und Sozialwissenschaften

- Politikwissenschaft
- Rechtswissenschaften
- Regionalwissenschaften und Länderstudien
- Sozialwissenschaften, allgemeine
- Wirtschaftswissenschaften

✱ Sprach- und Kulturwissenschaften

- Altertumswissenschaften
- Anglistik, allgemeine
- Archiv / Bibliothek / Dokumentation
- Germanistik
- Geschichtswissenschaft
- Judaistik, allgemeine
- Kulturwissenschaften
- Kunst und Musik
- Medienwissenschaften
- Pädagogik und Bildung, allgemeine
- Philosophie, allgemeine
- Romanistik
- Slawistik
- Sprachen und Literaturen, ältere europäische
- Sprachen und Literaturen, außereuropäische
- Sprachen und Literaturen, kleinere europäische
- Sprachen- und Literaturwissenschaften
- Theologie, allgemeine

▶ Web-Tipp
Grobe Suche in einem von sieben Sachgebieten:
http://www.hochschulkompass.de/studium/suche/profisuche.html

3.3 Methode 3: Durch das Berufsfeld nach einem Fach suchen

Hinter einer von der Bundesagentur für Arbeit erstellten Tabelle steckt die Idee, sich ein grobes Berufsfeld vorstellen zu können, ohne aber zu wissen, welche konkreten Berufe es in dem entsprechenden Berufsfeld gibt. Ich habe diese Tabelle ergänzt und um noch mehr Berufe erweitert, damit sie für Sie mehr Anregungen liefert. So können Sie die Tabelle für eine allgemeine Orientierung nutzen und könnten dann mit Hilfe einer Studienberatung herausfinden, welches Fach man dafür am besten studiert haben sollte. Doch zunächst die Tabelle mit Berufsfeldern in alphabetischer Reihenfolge:

✱ Bauwesen, Architektur und Vermessung

- Landschaftsarchitekt
- Ingenieur: Architektur, Bau, Gebäudetechnik / Facility Management, Vermessungswesen

✱ Bildende Kunst, Design, Restaurierung

- Archäologie: Ägyptologie, Altorientalistik, Klassische Archäologie
- Denkmalpfleger
- Designer: Fotodesign, Grafikdesign, Industriedesign
- Ingenieur: Innenarchitektur
- Museologe

✱ Bildung und Erziehung

- Bildungsreferent
- Erwachsenenpädagoge
- Lehrer: Berufliche Schulen, Grundschulen, Deutsch als Fremdsprache
- Wirtschaftspädagoge

✱ Biologie, Chemie, Pharmazie

- Apotheker, Pharmazeut
- Chemiker: Lebensmittelchemie, Polymerchemie, Wirtschaftschemie
- Ingenieur: Kunststofftechnik, Pharmatechnik

✱ Bio- und Gentechnologie, Erneuerbare Energien

- Informatiker: Bioinformatik
- Ingenieur: Biotechnologie, Umwelttechnik
- Mathematiker: Biomathematik

✱ Elektrotechnik

- Ingenieur: Elektrotechnik, Fernsehtechnik, Service / Instandhaltung

✱ Geowissenschaften, Mathematik und Physik

- Geologe
- Mathematiker: Technomathematik, Wirtschaftsmathematik
- Physiker: Atomphysiker, Molekularphysiker, Optiker, Akustiker

❋ Gesellschaft und Geschichte

- Historiker: Islamwissenschaft, Mittelalterliche Geschichte, Moderne Europäische Geschichte, Kunstgeschichte
- Humangeograph
- Philosoph
- Politologe
- Sozialwissenschaftler

❋ Human-, Zahn- oder Tiermedizin (Ärzte)

- Facharzt /Zahnarzt
- Tierarzt

❋ Informatik und IT

- Betriebswirt: E-Business
- Informatiker: Angewandte Informatik, Geoinformatik, Wirtschaftsinformatik
- Systemwissenschaftler

❋ Konstruktion, Entwicklung

- Ingenieur: Angewandte Mechanik, Bauphysik, Gießereitechnik, Mechatronik
- Projektingenieur

❋ Landschaft, Natur und Umweltschutz

- Fischereiwirtschaft und Gewässerbewirtschaftung
- Forstwirt
- Ingenieur: Agrarwirtschaft, Gartenbau, Landschaftsarchitektur, Technischer Umweltschutz
- Meteorologe

✱ Marketing, Verkauf, Vertrieb

- Betriebswirt: Allgemeine Betriebswirtschaft, Marketing, E-Business, Handel
- Ingenieur: Technischer Vertrieb

✱ Medien

- Bibliothekar
- Ingenieur: Medientechnik / Multimedia
- Journalist
- Medienwissenschaftler

✱ Metall, Maschinenbau

- Ingenieur: Fahrzeugtechnik, Maschinenbau, Schiffbau / Schiffstechnik, Verfahrenstechnik, Versorgungstechnik

✱ Musik, Tanz, Schauspiel, Kulturwissenschaft

- Dramaturg
- Bühnenbildner
- Musiker: Kirchenmusik, Populärmusik, Jazz, Gesang
- Musikwissenschaftler: Musiktheorie
- Schauspieler

✱ Nano- und Werkstofftechnologie, Optische Technologien, Mikrosystemtechnik

- Ingenieur: Augenoptik, Materialwissenschaften, Mikrosystemtechnik, Nanotechnologie, Optoelektronik

❋ Öffentliche Verwaltung

- Beamter: Allgemeine Innere Verwaltung, Archivdienst, Steuerverwaltung
- Informatiker: Verwaltungsinformatik
- Verwaltungswirt / Verwaltungsbetriebswirt

❋ Produktion, Fertigung

- Chemiker: Lebensmittelchemie
- Ingenieur: Bekleidungstechnik, Brauwesen und Getränketechnologie, Geotechnik, Verpackungstechnik

❋ Pflege und Therapie (nichtärztlich), Medizintechnik, Sport

- Ingenieur: Medizintechnik, Orthopädie- und Reha-Technik
- Gesundheitsmanagement: Prävention, Sport und Bewegung
- Ökotrophologe
- Pflegepädagoge
- Psychologe / Psychotherapeut
- Rehabilitationspädagoge
- Sportwissenschaftler

❋ Recht, Finanzen, Immobilien

- Betriebswirt: Immobilien
- Finanzwirt
- Jurist: Allgemeine Rechtswissenschaften, Europarecht, Internationale Beziehungen, Medienrecht
- Rechtsanwalt
- Richter

✱ Schutz und Sicherheit

- Beamter im Justizvollzugsdienst
- Beamter im Kriminaldienst
- Ingenieur: Sicherheitstechnik, Lebensmitteltechnologie
- Offizier / Polizeivollzugsbeamter

✱ Sozialwesen, Psychologie, Pädagogik, Erziehungswissenschaften und Religion

- Gerontologe
- Sozialarbeiter / Sozialpädagoge
- Gebärdensprachdolmetscher
- Theologe

✱ Sprache, Literatur, Kulturwissenschaft

- Dolmetscher / Übersetzer
- Germanist, Literaturwissenschaftler, Linguist, Philologe
- Kommunikationswissenschaftler
- Regionalwissenschaftler (z.B. Asien-Afrika)
- Europäischer Ethnologe

✱ Tourismus und Freizeit

- Betriebswirt Touristik
- Eventmanager

✱ Verkehr und Logistik

- Betriebswirt Logistik
- Fluglotse
- Ingenieur: Bahnbetrieb und Infrastruktur, Verkehrswesen, Fahrzeugtechnik, Luft- und Raumfahrtechnik
- Schiffsbetriebsoffizier (Nautik / Technik)

✱ Wirtschaft: Allgemeines Management, Personal- und Rechnungswesen

- Betriebswirt: Internationale Wirtschaft, Personalmanagement
- Ökonom
- Personalentwickler

Versuchen Sie nun, mit dieser Methode Anregungen zu bekommen, in welchen Berufsfeldern Ihre Eigenschaften aus der Ellipse am ehesten vorkommen könnten und finden Sie beispielsweise in einem Gespräch mit einer Studienberatung heraus, mit welchen Fächern ein in Frage kommender Beruf anzustreben ist.

Wenn Sie nun mit einer oder mehreren der drei Methoden konkrete Fächer gefunden haben, dann können Sie diese in den Studienwahlbogen eintragen: drei Rechtecke sind dafür vorgesehen, denn erfahrungsgemäß sind es selten mehr in Frage kommende Fächer. Doch lassen Sie sich davon nicht einschränken und zeichnen sich noch weitere Rechtecke dazu, falls Sie mehr Ideen bekommen.

Unser Beispiel würde dann jetzt so aussehen:

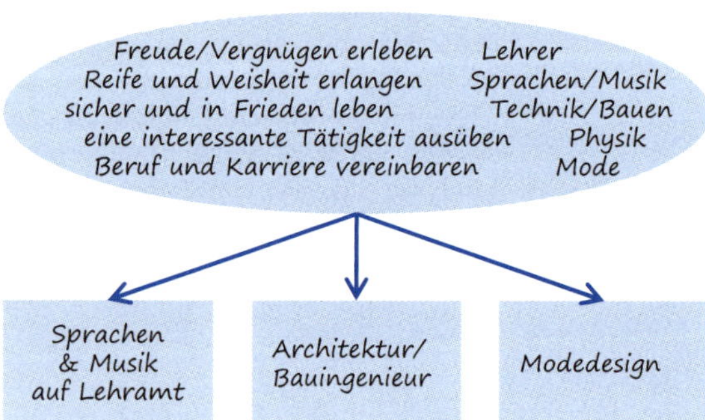

Abb. 10: Studienfächer aus der Ellipse abgeleitet (Beispiel)

Im nächsten Schritt soll es darum gehen, diese Ideen zu prüfen und auf konkrete Beine zu stellen, in dem Sie gezielt Informationen zu den möglichen Alternativen einholen.

4 Schritt ❹: Informationen beschaffen Hochschulen finden

Um bis hierher zu gelangen, haben Sie sicher schon versucht, die eine oder andere Information über ein Studienfach heraus zu finden. Doch nachdem Sie nun vielleicht erst einmal froh sind, im dritten Schritt konkrete Fächer gefunden zu haben, gilt es, diese Ideen mit Inhalt zu füllen. Sie sollten sich beispielsweise Informationen über Studieninhalte, die in Frage kommenden Hochschulen und deren eigene Zulassungsvoraussetzungen einholen. Dies ist notwendig, weil sich dadurch ein Wunschfach bestätigen kann. Aber natürlich kann es genauso passieren, dass durch neue Informationen ein Fach oder ein Hochschulort doch noch wieder aus Ihrer Sammlung gestrichen werden muss. Denn es kann ja sein, dass Sie jetzt beim gezielten Informieren Dinge herausfinden, die in irgendeiner Hinsicht nachteilig sind. Bevor Sie damit loslegen, möchte ich Ihnen noch einzelne Hilfestellungen dazu geben, damit Sie ein bisschen systematischer, aber auch durchaus kritisch Ihre Recherchen betreiben. Es kursieren nämlich immer wieder unterschiedlichste Nachrichten zu einzelnen Infoquellen durch die Presse und diese können verschieden seriös und hilfreich sein. Da möchte ich etwas Klarheit für Sie hinein bringen. Und ich möchte Sie ein wenig dafür sensibilisieren, bei wem Sie sich sonst noch Informationen beschaffen können und wie unterschiedlich Sie diese einordnen sollten.

4.1 Informationen und Quellen richtig bewerten

Wenn Sie bei der Suche nach Antworten auf Ihre Fragen die unterschiedlichsten Quellen nutzen, dann ist es wichtig, die Seriosität und die Art der Quelle zu bewerten. Denn die Quellen können sich sehr stark bezüglich ihrer Zuverlässigkeit unterscheiden. Während Sie bei schriftlichen, gedruckten Informationen noch am ehesten von deren Richtigkeit ausgehen dürfen, können dagegen Informationen im Internet auf einem veralteten Stand sein, wenn eine Seite auftaucht, obgleich sie nicht mehr gewartet und auf den neuesten Stand gebracht wurde. Außerdem bleiben als Infoquelle noch Personen, zu denen neben Freunden, Partner und Familie nun auch Praktiker und Experten, beispielsweise Studienberater an den Hochschulen zählen. Sicher sind die Personen auf einem unterschiedlichen Informationsstand, doch können auch sie sich vor allem in der Richtigkeit der Informationen unterscheiden.

Beachten Sie zunächst, dass es ganz grundsätzlich zwei verschiedene Arten von Informationen gibt, die Primär- und die Sekundärinformationen. Während bei den Primärinformationen Sie selbst die Erfahrungen machen oder direkte Informationen verarbeiten und sortieren, sind die Sekundärinformationen quasi aus *zweiter Hand*. Die Auswahl und Bewertung hat man Ihnen dann abgenommen. Dementsprechend gefiltert können diese Informationen aber auch sein, weil Personen aus ihrer jeweiligen Perspektive auf die Dinge schauen.

▶ Primärinformationen können sein:

Lesen von Studiengangsbeschreibungen

Lesen von Studien- und Prüfungsordnungen

Lesen von Kommentaren zu den Veranstaltungen des aktuellen Semesters (z.B. Kommentierte Vorlesungsverzeichnisse)

Teilnehmen am Lehrbetrieb
(z.B. während der Infowoche einer Hochschule)

Erfahrungen durch Berufstätigkeit, Praktikum
oder ehrenamtliche Mitarbeit

Am Beispiel des kommentierten Vorlesungsverzeichnisses möchte ich Ihnen erläutern, welchen Informationsgewinn Sie bekommen. Jeweils zum Beginn eines Semesters erscheint das kommentierte Vorlesungsverzeichnis eines Faches, damit die gerade Studierenden das Veranstaltungsangebot dieses Semesters im Überblick haben und ihre neuen Veranstaltungen auswählen können. Schauen Sie sich die Titel und Beschreibungen der Veranstaltungen einmal genau an, denn sie geben einen viel besseren Einblick in die Inhalte eines Studiums als der bloße Name des Studiengangs. Sie verhindern damit den Kauf der sprichwörtlichen Katze im Sack, weil Sie nicht nur eigene Vorstellung haben, was sich alles hinter dem Namen des Studiengangs verbergen könnte. Damit werden häufig eher Wünsche und Fantasien befriedigt, doch die Wirklichkeit sieht ziemlich anders aus. Mit einem Kommentierten Vorlesungsverzeichnis können Sie sich stattdessen fragen, ob die genannten Veranstaltungstitel und deren Beschreibungen wirklich Ihr Interesse wecken könnten.

Sekundärinformationen können sein:

Ratgeberliteratur

Literatur anderer Institutionen

Privatpersonen (Eltern, Freunde, Partner oder Praktiker), die man kennt

Kenner der Szene (Studierende, Berufstätige), die man nicht persönlich kennt

Berater an der Uni (Allgemeine Studienberatung, Studienfachberatung, Studentische Studienberatung), bei der Agentur für Arbeit (BIZ, Hochschulteam, Psychologischer Dienst) oder den Berufsverbänden

Da keine dieser Informationsarten die besseren Informationen liefert, sollten Sie darauf achten, sowohl Primär- als auch Sekundärinformationen einzuholen und diese miteinander zu vergleichen. Sie können dann leichter feststellen, ob Ihre Informationen gesichert sind. Etwas, was Sie nur gehört haben und deshalb zu wissen glauben, kann sich schließlich doch als falsch heraus stellen, nachdem Sie in den Materialien der Hochschule nachgelesen und es selbst überprüft haben.

Eine große Chance der verschiedenen Informationsquellen ist es, Ihnen auch negative Informationen zu geben. Die übersieht man nämlich gern bei der eigenen Recherche und nimmt nur *passende* Informationen wahr, während ungünstige Informationen ausgeblendet werden. Andere Menschen könnten etwa Ihren bisherigen Informationsstand mit einem *Aber* kommentieren und so durchaus sinnvoll ergänzen, wenn Sie deren Einwand überprüfen. Dabei kann natürlich genauso herauskommen, dass das *Aber* vollkommen unberechtigt war.

4.2 Den Studiengang an einer Hochschule finden

Einen Studienfachwunsch können Sie hinsichtlich verschiedener Aspekte mit konkreten Inhalten füllen. Zunächst müssen Sie aber erst einmal wissen, welche Hochschule überhaupt einen gewünschten Studiengang anbietet. Mit zwei unterschiedlich aufgebauten Datenbanken werden Sie fündig:

Der Hochschulkompass

Unter www.hochschulkompass.de finden Sie eine Datenbank, die eine von der Hochschulrektorenkonferenz (HRK), d.h. von einem Zusammenschluss aller deutschen Hochschulen betriebenen Webseite ist. Hier pflegen die Hochschulen selbst die Informationen, so dass Sie eine entsprechende Aktualität erwarten können. Über 9.000 Studienangebote können Sie prüfen: mit der *Profisuche* können Sie eigene Suchkriterien festlegen und die Suchmaschine nennt Ihnen dann alle Studiengänge, die mit Ihrer Auswahl übereinstimmen. Sie können beispielsweise Studienort, Abschluss oder die Unterrichtssprache vorgeben und erhalten dann die passenden Ergebnisse.

Die Bachelor-Datenbank

Hinter der Adresse www.bachelor-vergleich.com verbirgt sich eine Datenbank, bei der Sie mit Hilfe verschiedener Filter und einer erweiterten Suche schnell die über 5.000 Studiengänge und fast 400 Hochschulen reduzieren können. Auch hier definieren Sie die Filter oder Suchkriterien dabei selbst. Und über ein Formular, per E-Mail oder *facebook* können Sie dann gleich zu einer gewünschten Hochschule Kontakt aufnehmen. Informationen zu den verschiedenen Studienformen (z.B. Duales Studium oder Fernstudium) und eine Ratgeberfunktion mit allgemeinen Informationen etwa zu Finanzierung oder Bewerbungen ergänzen diese Datenbank sinnvoll.

Das Hochschul-Ranking

Welches ist die beste Uni für mein Fach? Diese Frage stellen sich viele, die von sich aus keine bestimmte Hochschule oder den Ort festlegen. Doch wie soll man beurteilen, warum die eine Hochschule besser sein soll als eine andere? Antworten darauf versuchen die vielen verschiedenen Hochschul-Rankings zu geben. Dabei wird versucht, unterschiedlichste Informationen in die Bewertung einer Hochschule einfließen zu lassen. Es werden beispielsweise getrennt voneinander Dozenten und Studierende befragt, aber auch objektive Daten wie Ausstattung, Forschungsgelder oder das Verhältnis von Lehrenden zu Studierenden berücksichtigt. Am Ende erhält jedes Fach eine Note. Doch Vorsicht: eine abschließende Benotung würde die einzelnen Aspekte vertuschen und zwei Unis könnten dieselbe Note haben trotz unterschiedlicher Zwischenergebnisse. Deshalb vergibt beispielsweise das CHE-Ranking des Centrums für Hochschulentwicklung keine Endnote, obwohl mehr als 30 Indikatoren geprüft werden. Es gibt eine enge Kooperation mit der Redaktion der Zeitschrift *Zeit*, die in ihrem Studienführer immer als erste das CHE-Ranking veröffentlichen darf.

Achten Sie andererseits darauf, einzelnen Indikatoren nicht die Hauptaussagekraft zu geben (z.B. Studierende bewerten die Lebensqualität des Ortes als sehr hoch). Schauen Sie sich stattdessen immer ein größeres Bild an, das sich aus mehreren, einzelnen, Ihnen bedeutsamen Indikatoren zusammen setzt (also auch die Einschätzung der Lehre, der Ausstattung oder das Betreuungsverhältnis Dozenten – Studenten). Ein ganz persönliches Ranking können Sie sich auf www.zeit.de/hochschulranking mit dem *Quick Ranking* zusammenstellen. Ausführlicher geschieht Ihr persönlicher Vergleich mit dem Link *Hochschulvergleich*.

Natürlich kann kein Ranking alle Studienfächer prüfen und darstellen, dafür gibt es einfach zu viele. Und das Minimum für ein seriöses Ranking ist etwa das Vorhandensein eines Faches an mindestens 20 verschiedenen Standorten. Seltene Fächer können daher nie miteinander verglichen werden.

Bedenken Sie nun noch, dass das Uni-Ranking nicht Ihre eigentliche Studienwahl ersetzen kann, sondern Ihnen vielleicht nur ein weiteres Argument von vielen bietet. Am Ende geht es nämlich darum, nicht die beste Hochschule zu finden, sondern jene, die am besten zu Ihren Wünschen und Interessen passt.

> ▶ Aktuell
>
> Die Europäische Kommission will ab Frühjahr 2013 „U-Multirank", ein internationales Hochschul-Ranking mit 500 Universitäten aus allen Teilen Europas und der Welt starten. Erste Ergebnisse könnten Anfang 2014 vorliegen.

4.3 Weitere Informationen einholen

Im nächsten Schritt sollten Sie herausfinden, was sich wirklich an der jeweiligen Hochschule hinter einem Fach verbirgt. Dabei hilft Ihnen die oben genannte Mischung aus Primär- und Sekundärinformationen.

> ▶ Informieren Sie sich über:
>
> Studieninhalte
> Studienaufbau
> Studienbedingungen an der Hochschule
> Spätere Tätigkeitsfelder
> Inhalte (und Passgenauigkeit auf Ihre Fähigkeiten)
> Chancen auf einen Studienplatz
> Mögliche Alternativen
> Dinge, die Ihnen persönlich wichtig sind (z.B. Sportangebot, Entfernungen, Kosten)

Sie würden beispielsweise herausfinden können, dass in Chemie fast alle Bachelor-Absolventen ein Master-Studium anschließen. Und danach wiederum beginnen 90 % der Absolventen mit einem Master eine Promotion. Natürlich können Sie einen anderen Weg einschlagen, aber in Chemie scheint dieser Weg üblicher zu sein.

Verschaffen Sie sich immer wieder den Überblick, welche Informationen Sie bereits haben und vor allem, welche noch fehlen, damit Sie durch Nachfragen gezielt die Lücken füllen können.

4.4 Die Voraussetzungen ermitteln

Um einen Studienplatz zu bekommen, müssen Sie je nach Fach, nach Hochschule und sogar Bundesland verschiedene Voraussetzung erfüllen. Diese werden *Zugangsvoraussetzungen* genannt, ohne die Sie sich nicht um einen Studienplatz bewerben könnten. Diese können u.a. sein:

- ein Vorpraktikum oder eine bestimmte Anzahl an Stunden ehrenamtlicher Arbeit
- ein Latinum oder Fremdsprachenkenntnisse
- eine bestandene Eignungsprüfung (z.B. in Sport oder Musik)
- eine Mappe mit Proben Ihres Könnens (z.B. in Kunst)
- Teilnahme am Selbsterkundungstest für Lehrer
- ein Numerus Clausus in bestimmter Höhe

Erkundigen Sie sich daher nach den konkreten Bedingungen, vor allem dann, wenn Sie eine bestimmte Hochschule im Blick haben.

4.5 Das passgenaue Profil einer Hochschule finden

Viele Hochschulen wollen Studieninteressierten eine Möglichkeit anbieten, deren Vorstellungen von einem bestimmten Fach zu prüfen, um sich gar nicht erst an der falschen Hochschule oder für ein unpassendes Fach zu bewerben. Solche Testverfahren korrigieren also vor allem falsche Vorstellungen vom Wunsch-Fach, denn

Ihre Interessen werden mit den Profilen der Studierenden einer Hochschule verglichen. Der Test besagt dann, ob Sie mit Ihrem Profil dazu passen würden. Einer der ersten umfangreichen Tests dieser Art ist *Borakel* von der Universität Bochum. Dagegen berücksichtigt z.B. der Test www.was-studiere-ich.de alle Fächer, die in den Hochschulen von ganz Baden-Württemberg angeboten werden. Ihr Interessensprofil (technisch, sprachlich, künstlerisch, forschend, sozial, unternehmerisch, ordnend-systematisierend oder sportlich) und Ihr Fähigkeitsprofil (kognitive Fähigkeiten im sprachlichen, numerischen und figural-bildhaften Bereich) werden mit 1.200 Studiengangs- und 800 Berufsprofilen verglichen.

Wenn Sie überprüfen wollen, ob hinsichtlich eines konkreten Studienfaches Ihr Profil zu den bisherigen Studierenden passen könnte, dann finden Sie im → Teil III *Services zur Studienwahl* unter *Abschnitt 3* eine Liste mit Internetadressen der verschiedensten Hochschulen.

Die Nordakademie Elmshorn hat dieses Verfahren übrigens für ihre dualen Studiengänge so erweitert, dass jeder Bewerber einen Online-Auswahltest bearbeiten und dabei auch Fragen zur Motivation beantworten muss. Daher kann man sogar durchfallen, wenn nämlich die Motivation nicht ausreichen sollte.

4.6 Zu guter Letzt: Eine persönliche Informationsstrategie entwickeln

Nachdem Sie nun ausreichend sensibilisiert sind, können Sie sich auf die Suche nach Informationen begeben. Legen Sie sich dafür eine eigene Strategie zurecht.

▶ Die persönliche Info-Strategie

[1] Legen Sie fest, welche Quellen Sie für geeignet und wichtig halten

[2] Notieren Sie die Fragen, die Sie stellen wollen. Dabei ist auch eine *offene* Frage erlaubt, die in etwa lautet: *„Gibt es*

aus Ihrer Erfahrung noch etwas, was vielleicht wichtig wäre, wir aber noch gar nicht angesprochen haben?"

[3] Planen Sie die Besuche und Gespräche: Gibt es Öffnungszeiten? Muss oder kann man sich anmelden, um Wartezeiten zu vermeiden?

5 Mit persönlichem Bewertungsbogen zur endgültigen Entscheidung

Wenn Sie in diesem Kapitel angekommen sind, haben Sie eine Menge Arbeit hinter sich. Und im Idealfall haben Sie ein Ergebnis klar vor Augen: ein Studienfach, für das Sie sich unbedingt bewerben und alles dafür tun werden, es möglichst auch zu bekommen. Sollten Sie etwa noch mitten im Abitur sein, könnten Sie Ihren Lernaufwand kurzfristig noch erhöhen, um mit einem besseren Abitur-Durchschnitt auf der sicheren Seite zu sein.

Gerne würde ich Ihnen das wünschen, doch meine Erfahrung zeigt mir, dass Ihre Situation wahrscheinlich gerade eine ganz andere ist: bei allem Recherchieren, Informieren, Auflisten und Auswerten bleiben nun mindestens zwei, eher drei oder vielleicht sogar vier Fächer übrig, von denen Sie jedes gerne studieren würden. Aber da gibt es ein Problem. Sie müssen sich irgendwann entscheiden, denn Sie können nur ein Fach, vielleicht ein zweites als Nebenfach studieren. Und damit fallen die anderen Möglichkeiten automatisch weg.

Eine typische Strategie, mit dieser Situation umzugehen, ist folgende: Sie bewerben sich einfach für alle passenden Fächer. Vielleicht sogar an verschiedenen Hochschulen. Dann warten Sie ab, was Sie tatsächlich bekommen, denn da fällt mit Sicherheit schon mal das eine oder andere weg, etwa, weil es zu viele Bewerbungen auf deutlich weniger Studienplätze gibt. Vielleicht bleibt sogar nur ein einziges Fach übrig? Nun, das wär's dann also! Fällt Ihnen auf, was man bei dieser Strategie als Grundhaltung mitbringt? Es ist eine Grundhaltung, die man nennen könnte *„Ich lass das Schicksal entscheiden"* oder *„Sollen doch andere für mich die Entscheidung treffen"*. Tatsächlich wäre das gar nicht schlimm, wenn alle gefundenen Alternativen gleich gut wären. Wenn mir beispielsweise auf einer Speisekarte mehrere Gerichte schmecken würden, dann ist doch wirklich egal, welches ich nun nehme. Denn es wird mir in jedem Fall schmecken. Meistens haben wir aber eine andere Ausgangslage: durch unseren Kopf schwirren die verschiedenen Pro- und Contra-Argumente. Das eine Gericht wäre ohne Fleisch, dafür aber mit einer leckeren Soße. Die fällt dagegen beim Fleischgericht schlechter aus, doch die Beilage in Form von Bratkartoffeln wäre so lecker. Also für welches Gericht soll man sich entscheiden? Bei in Frage kommenden Studienfächern sähen Ihre Überlegungen vielleicht so aus:

„Auf Lehramt studieren wäre eher eine sichere Sache, was den späteren Job angeht. Aber man hätte jeden Tag viele Menschen um sich. Das wäre bei einem Chemie-Studium ohne Lehramt anders: viel Arbeit im Labor. Doch für Chemie müsste ich meinen Heimatort verlassen, was ich nicht gerne wegen meiner Familie möchte. Also bleibe ich besser hier und dann käme vielleicht etwas Geisteswissenschaftliches in Frage. Aber da sind doch die Arbeitsaussichten so diffus und unsicher.“

Für welches Studienfach soll man sich denn nun entscheiden? Sie sehen: was immer Sie auch in den Vordergrund schieben – es gibt bei jeder Variante unterschiedliche Argumente. Mal spricht hier etwas dafür, beim anderen Fach kann es schon wieder das Gegenargument sein.

Unser Gehirn ist mit dieser Situation überfordert, denn ihm fehlt die Fähigkeit, gleichzeitig eine intuitive Gewichtung von Argumenten vorzunehmen. Doch diese Gewichtung ist für die Abwägung der Argumente unbedingt nötig. Gesicherte Arbeitsaussichten sind vielleicht für viele Menschen von Bedeutung. Aber wie wichtig ist dieses Argument wirklich für Sie? Und vor allem: ist es bei der Chemie-Variante von derselben Bedeutung wie beim Lehramt? Oder fällt es als Argument am Schluss vielleicht *hinten über*, weil andere Argumente viel bedeutsamer sind?

Um das alles ordnen zu können, zücken viele spontan Papier und Stift und beginnen, die Argumente aufzulisten und mit einem „+“ oder „–“ zu versehen. Das ist immerhin ein Anfang, doch eine differenzierte Bewertung fehlt auch hier. Im Grunde geben Sie einem Argument nur ein „Ja“ oder ein „Nein“. Das ist in jedem Fall viel zu grob. Und das merken Sie auch daran, wenn andere Ihnen Ihre eigenen Argumente nennen und Sie auf einmal zu *handeln* beginnen. Beispielsweise so:

„Ja, das stimmt ja. Ich würde schon gerne hier bleiben. Aber guck mal: andererseits ist es ja nur für sechs Semester und dann komme ich eben wieder zurück. Und wir bleiben doch über Telefon, E-Mail und Skype in Kontakt!“

Eine wirklich beste Freundin oder ein Partner würde sich damit sicher nicht zufrieden geben und Ihnen deshalb Ihr eigenes Argument erneut unter die Nase halten. Es geht also darum, dem Gehirn eine Möglichkeit zu schaffen, jedes Argument für sich unabhängig und differenziert zu gewichten. Mit dieser Problematik haben sich die amerikanischen Forscher Irving Janis und Leon Mann wissenschaftlich auseinander gesetzt und als Ergebnis ein *Balance Sheet* entworfen, der bei allen bedeutsamen Entscheidungen eingesetzt werden kann. Seminarteilnehmer, die durch mich diesen *Bewertungsbogen*, wie wir ihn in einem *Entscheidungstraining* nennen, kennen gelernt und ausprobiert haben, sind froh, eine Methode gefunden zu haben, mit der man rationale und emotionale Anteile gleichermaßen berücksichtigen kann. Und sie fühlten sich angeregt, sogar die negativen Aspekte der Entscheidung anzugeben und zu berücksichtigen. Denn erfahrungsgemäß sind es gerade diese, die eine Entscheidung schwierig machen, weil sie nicht so gern benannt werden, vor allem, wenn es eine Reihe überzeugender positiver Argumente gibt. Da man jedoch auch die negativen Argumente im Bewertungsbogen benannt hat, kommen sie keineswegs überraschend und können die positiven Argumente nicht einfach wegwischen. Bei der Entscheidung wurde nämlich mit Hilfe des Bewertungsbogens ein Gesamtbild erstellt. Diese Gesamtbild zählt und nicht nur einzelne, tatsächlich eingetretene Folgen. Daher möchte ich Ihnen nun diesen Bewertungsbogen vorstellen, damit Sie in gleich benutzen können.

Sie sehen hier eine verkleinerte Version für einen ersten Eindruck, wie dieser Bewertungsbogen aussieht:

Gruppen von Konsequenzen	Konsequenzen, die durch die Wahl dieser Alternative eintreten	Wie wünschenswert ist diese Konsequenz für mich 2 sehr wünschenswert, 1 wünschenswert, 0 egal, -1 unerwünscht, -2 sehr unerwünscht	Wie schätze ich die Wahrscheinlichkeit ein, mit der diese Konsequenz eintritt 95% sehr wahrscheinlich, 75% wahrscheinlich, 50% halb-halb, 25% unwahrscheinlich, 5% sehr unwahrscheinlich	Mein erwarteter Nutzen bei den einzelnen Konsequenzen: Erwünschtheit mal Wahrscheinlichkeit (+) (–)
Vor- und Nachteile, die für mich durch die Wahl dieser Alternative eintreten				
Vor- und Nachteile, die für andere, mir wichtige Menschen, durch die Wahl dieser Alternative eintreten				
Konsequenzen, die durch die Wahl dieser Alternative eintreten, und mir Billigung oder Missbilligung von anderen mir wichtigen Menschen einbringen				
Konsequenzen, die durch die Wahl dieser Alternative eintreten, und mit einem Selbstbild und meiner Selbstachtung übereinstimmen oder dagegen sprechen				
Mein erwarteter Nutzen (+/-) aus den Konsequenzen: ∑ (+) ∑(–)				

	Geforderte Qualifikation, die ich bei der Wahl dieser Alternative erfüllen muss:	Wie schwierig ist es für mich, diese Anforderungen zu erfüllen? 0 bereits erfüllt, -1 schwer zu erfüllen, -2 sehr schwer zu erfüllen	Wie schätze ich die Wahrscheinlichkeit ein, dass diese Anforderung gestellt wird? 95% Sehr wahrscheinlich, 75% wahrscheinlich, 50% halb-halb, 25% unwahrscheinlich, 5% sehr unwahrscheinlich	Mein erwarteter Nachteil bei den einzelnen Qualifikationsanforderungen (+) (–)
Nachteile, die für mich bei der Wahl dieser Alternative aufgrund der geforderten Qualifikationen(Fähigkeiten und Fertigkeiten, die ich (noch) nicht erfülle, eintreten.				
Mein erwarteter Nachteil (–) aus den Qualifikationsanforderungen: ∑(–)				

Errechnung des Relativen Vergleichswertes

Mein erwarteter Nutzen (+):	
Mein erwarteter Nutzen (–):	
Mein erwarteter Nachteil (–) aus den Qualifikationsanforderungen:	
Mein relativer Vergleichswert:	

Abb. 11: Der Bewertungsbogen

Laden Sie sich auf der Website des Verlags einen Bewertungsbogen herunter. Dieser ist im DIN-A4-Format. Drucken Sie diesen so aus, dass Sie am Ende einen Bogen in DIN-A3 haben oder gehen Sie mit der DIN-A4-Vorlage in einen Copy-Shop und vergrößern Sie dort auf DIN-A3. Da Sie möglicherweise viele Argumente notieren werden, ist es nämlich besser, gleich genügend viel Platz zu haben.

Sie brauchen dann noch einen Bleistift und einen Radiergummi, um flexibel mit dem Bewertungsbogen zu arbeiten. Sorgen Sie nun erst einmal für das notwendige Arbeitsmaterial.

Wie Sie den Bewertungsbogen benutzen können

Die Idee ist folgende: Sie füllen so viele Bewertungsbogen aus wie Sie Alternativen zur Auswahl haben. Je mehr Alternativen, umso mehr Arbeit kommt also zunächst auf Sie zu. Aber Ihr Einsatz wird sich lohnen. Denn durch das aufwändige Verfahren werden die Alternativen mit je einem eindeutigen Abschlusswert vergleichbar. Sie können die Alternativen damit in eine Rangreihenfolge bringen, so dass am Ende ein Fach auf Platz 1 stehen wird. Für dieses werden Sie sich dann entscheiden können, da es nach viel Arbeit und reiflicher Überlegungen auf diesem Platz gelandet ist.

Mit jedem Bewertungsbogen widmen Sie sich intensiv nur einem möglichen Fach und sammeln alle Argumente, die Ihnen einfallen und die sowohl *FÜR* als auch *GEGEN* das Fach sprechen. Die Suche nach Argumenten wird Ihnen erleichtert, in dem vier verschiedene Gruppen von Argumenten beschrieben werden. Im zweiten Schritt wird jedes einzelne Argument bewertet, in dem Sie einschätzen, wie persönlich wünschenswert dieses Argument für Sie ist und wie wahrscheinlich es ist, dass es eintritt. In einem dritten Teil werden Sie noch Qualifikationen sammeln, die Sie in diesem Fall erfüllen müssen. Wenn Sie dann am Ende nach einem bisschen Rechnen einen *relativen Vergleichswert* gefunden haben, dann können Sie diesen mit den Vergleichswerten der übrigen Alternativen vergleichen. Im Folgenden führe ich Sie nun genau durch die einzelnen Schritte. Lesen Sie sich die Beschreibung eines Schrittes in Ruhe durch und bearbeiten Sie diesen. Gehen Sie erst dann zum nächsten Schritt über.

5.1 Schritt ①: Eine Alternative auswählen

Legen Sie als Erstes fest, mit welchem Fach Sie beginnen wollen und schreiben Sie die Bezeichnung des Fachs, beispielsweise *Physik auf Lehramt* oben in das leere Kästchen des Bewertungsbogens als eine Art Überschrift. Alles, was Sie auf diesem Bogen sammeln, gehört also zu *Physik auf Lehramt.*

5.2 Schritt ②: Die Konsequenzen abwägen

Hinter diesem Punkt verbirgt sich die eigentliche Sammlung Ihrer Argumente. Für jedes Argument ist eine Zeile vorgesehen. Nach vier unterschiedlichen Arten von Argumenten sollen Sie suchen, um auch ja nichts zu übersehen. Zu diesem Zeitpunkt spielt es keine Rolle, ob das Argument für oder gegen das Fach spricht. Die vier verschiedenen „Gruppen von Konsequenzen" bedeuten Folgendes:

1. „Vor- und Nachteile, die für mich durch die Wahl dieser Alternative eintreten"

Hier geht es um Argumente, die Sie ganz persönlich und allein nur Sie betreffen. Solche Dinge können beispielsweise sein:

- *„Dafür muss ich in eine andere Stadt."*
- *„Ich kann meine Freunde nur selten sehen."*
- *„Meine Eltern unterstützen das nicht finanziell und ich müsste Geld verdienen."*
- *„Damit kann ich später ganz viele verschiedene Dinge tun."*
- *„Damit bekomme ich sicher einen Job."*

2. „Vor- und Nachteile, die für andere, mir wichtige Menschen, durch die Wahl dieser Alternative eintreten"

Dies sind Argumente, die die anderen mehr oder weniger direkt sagen, oder die Sie zumindest ahnen, etwa so:

- *„Meine Eltern wollen nicht, dass ich weg gehe."*
- *„Mein Freund will keine Fernbeziehung."*
- *„Ich betreue meine Oma, die mich braucht."*
- *„Mein Fußballverein setzt auf mich, wenn es um Turniere geht."*
- *„Meine Freunde wollen mich in der neuen Stadt häufig besuchen."*

3. „Konsequenzen, die durch die Wahl dieser Alternative eintreten, und mir Billigung oder Missbilligung von anderen, mit wichtigen Menschen, einbringen"

Dies sind weitere Argumente, bei denen die anderen eine wichtige Rolle spielen, denn es geht mehr darum, was die anderen dann über Sie persönlich denken oder wie sie mit Ihrer Entscheidung umgehen würden. Dies können Argumente sein, wie:

- *„Meine Mutter würde nicht mehr mit mir reden oder mich sogar rausschmeißen."*
- *„Mein Freund sagt, dass wir uns dann ja gleich trennen können."*
- *„Mein Vater wäre total stolz auf mich."*
- *„Mein Onkel will mich unterstützen, ich soll ihn immer fragen, wenn ich Hilfe brauche."*
- *„Freunde behaupten, ich will immer was Besonderes, weil ich nicht mit ihnen zusammen studiere."*

4. „Konsequenzen, die durch die Wahl dieser Alternative eintreten, und die mit meinem Selbstbild und meiner Selbstachtung übereinstimmen oder dagegen sprechen."

Jetzt stehen Sie selbst noch mal im Mittelpunkt der Sammlung, denn auch Sie müssen noch am Tag nach der Entscheidung in den sprichwörtlichen Spiegel schauen können, ohne sich für Ihre Wahl zu schämen. Und gut wäre es, wenn Sie sich stattdessen selbst über sich freuen könnten. Solche Argumente lauten etwa so:

- *„Ich kann damit endlich richtig etwas zum Umweltschutz beitragen."*
- *„Ich möchte etwas Sinnvolles tun – das wäre dann so etwas."*
- *„Wenn ich nicht weg gehe, bin ich doch feige und inkonsequent."*
- *„Ich mache mir selber etwas vor, dass möglichst weit weg gehen die Probleme hier lösen würde."*
- *„Ich hab immer behauptet, dass ich etwas mit Sport machen will – jetzt tue ich das auch!"*

Versuchen Sie nun selbst, in allen vier Kategorien „passende" Argumente zu finden. Es kommt dabei nicht darauf an, dass Sie die Argumente richtig zuordnen. Verstehen Sie die vier Gruppen als Anregung, auch über solche Konsequenzen nachzudenken und sehr wahrscheinlich auch das eine oder andere Argument dadurch erst zu finden. Und gerade dann, wenn eine Gruppe leer ausgeht, sollten Sie noch mal intensiver nachdenken, ob da vielleicht noch etwas fehlt.

Lassen Sie sich für diese Sammlung ruhig ein paar Tage Zeit und schauen Sie immer mal wieder auf die Sammlung. Wenn ein Argument erst später dazu kommt, ist das nicht schlimm – Hauptsache, Sie haben es überhaupt gefunden, so dass es doch noch berücksichtigt werden kann. Mit diesem Schritt haben Sie nun den größten Teil der Arbeit schon erledigt.

5.3 Schritt ③: Die Argumente einschätzen und bewerten

Wenn Sie an ein bestimmtes Studienfach denken, sehen Sie sicher den einen oder anderen Vor- oder Nachteil. Und auch Ihre Umgebung beteiligt sich sicherlich an Ihrer Entscheidung und liefert passende Argumente. Doch wie wichtig ist ein einzelnes Argument wirklich? Es mag ja genannt worden sein und Ihnen immer wieder durch den Kopf gehen. Doch spielt es tatsächlich eine Rolle? Und wenn ja, welche? Daher schätzen Sie bei diesem Schritt nun für jedes Argument zwei Dinge ein: *„Wie wünschenswert ist diese Konsequenz für mich?"* und *„Wie schätze ich die Wahrscheinlichkeit ein, mit der diese Konsequenz eintritt?"*

Ich mache das mal an dem ersten Argument der Beispiele deutlich: *„Dafür muss ich in eine andere Stadt"*. Stellen Sie sich vor, Sie selbst finden das nicht so gut. Sie würden lieber in Ihrem Heimatort bleiben. Aber Sie würden auch weg gehen, wenn es gar nicht anders geht, denn es müsste ja nicht für immer sein. Daher würden Sie diesem Argument auf der Skala die von „2" bis „–2" reicht, eine „–1" geben. Das bedeutet sinngemäß: „Ich finde es nicht gerade toll oder müsste es unbedingt verhindern, aber ich freue mich auch nicht darüber". Damit hat dieses Argument eine eher negative Einschätzung bekommen und wäre auf einer schlichten Liste ein Contra-Argument. Wäre Ihnen dieses Argument dagegen egal, bekäme es eine „0". Und jemand, der in eine andere Stadt zu gehen, sogar richtig gut fände, müsste also eine „+2" vergeben. Ganz klar hier also ein Pro-Argument.

Die Einschätzung der Wahrscheinlichkeit des Eintretens

Doch im nächsten Schritt kommt nun noch eine weitere Einschätzung dazu, die unser Gehirn ohne dieses systematische Vorgehen überfordern würde, weil es das nicht parallel auch noch überblicken kann. Es ist die Frage, wie wahrscheinlich diese Konsequenz tatsächlich eintritt. Beim Beispiel mit der anderen Stadt könnten Sie herausgefunden haben, dass man das nur an zwei Hochschulen studieren kann, die beide über 300 km entfernt sind. Auf der Wahrscheinlichkeitsskala des Bewertungsbogens, die von „95 %" bis „5 %" reicht, können Sie in diesem Fall ganz klar die 95 % angeben. Es bedeutet absolute Sicherheit, dass dieser Fall eintritt, weil es das Fach in Ihrer Nähe gar nicht gibt.

Mein erwarteter Nutzen bei den einzelnen Konsequenzen

In diesem rein mathematischen Schritt passiert etwas kann Entscheidendes, denn Sie führen die beiden Einschätzungen zusammen und erhalten damit für jedes Argument eine persönliche Gewichtung. Dazu müssen Sie die Erwünschtheit mit der Wahrscheinlichkeit multiplizieren. Im Beispiel mit der Stadt wäre das:

$$-1 \times 95 = -95$$

Damit haben wir hier ein negatives Argument, welches ziemlich wichtig ist, aber auch nicht die maximal zu erreichende Bewertung bekommt. Denn möglich wären ja –2 × 95, also –190. Ein so bewertetes Argument wäre absolut negativ. Sie sehen also, dass Sie jetzt statt einer simplen *Pro-und-Contra-Liste* eine Auflistung von unterschiedlich stark positiv oder negativ bewerteten Argumenten bekommen. Die komplette Zeile für das Argument „Dafür muss ich in eine andere Stadt" sieht auf dem Bewertungsbogen dann so aus:

Physik auf Lehramt

Gruppen von Konsequenzen	Konsequenzen, die durch die Wahl dieser Alternative eintreten	Wie wünschenswert ist diese Konsequenz für mich 2 sehr wünschenswert, 1 wünschenswert, 0 egal, -1 unerwünscht, -2 sehr unerwünscht	Wie schätze ich die Wahrscheinlichkeit ein, mit der diese Konsequenz eintritt 95% sehr wahrscheinlich, 75% wahrscheinlich, 50% halb-halb, 25% unwahrscheinlich, 5% sehr unwahrscheinlich	Mein erwarteter Nutzen bei den einzelnen Konsequenzen: Erwünschtheit mal Wahrscheinlichkeit (+) (–)
Vor- und Nachteile, die für mich durch die Wahl dieser Alternative eintreten	(1) Dafür muss ich in eine andere Stadt (2)...	–1	95	–95

Abb. 12: Beispiel für eine ausgefüllte Zeile des Bewertungsbogens

Berechnen Sie zunächst für alle Zeilen den jeweiligen positiven oder negativen Wert durch Multiplikation. Um dann diesen mathematischen Teil abzuschließen, bilden Sie in der letzten Spalte der Übersicht halber zwei Summen, die Sie beim „Sigma(+)" und beim „Sigma(–)" notieren: Sie addieren also zunächst alle positiven Werte und dann alle negativen Werte. Passen sie gut auf, dass Sie sich nicht verrechnen! Schließlich sind das die beiden Summen, die in den abschließenden Vergleich und damit in Ihre Entscheidung eingehen. Eine fiktive Berechnung zeigt Ihnen, wie dieser Teil des Bewertungsbogens auch bei Ihnen ungefähr aussehen müsste:

Physik auf Lehramt				
Gruppen von Konsequenzen	Konsequenzen, die durch die Wahl dieser Alternative eintreten	Wie wünschenswert ist diese Konsequenz für mich 2 sehr wünschenswert / 1 wünschenswert / 0 egal / -1 unerwünscht / -2 sehr unerwünscht	Wie schätze ich die Wahrscheinlichkeit ein, mit der diese Konsequenz eintritt 95% sehr wahrscheinlich / 75% wahrscheinlich / 50% halb-halb / 25% unwahrscheinlich / 5% sehr unwahrscheinlich	Mein erwarteter Nutzen bei den einzelnen Konsequenzen: Erwünschtheit mal Wahrscheinlichkeit (+) (–)
Vor- und Nachteile, die für mich durch die Wahl dieser Alternative eintreten	...	...	...	+75 +50 0 -25 -25 -95
Vor- und Nachteile, die für andere, mir wichtige Menschen, durch die Wahl dieser Alternative eintreten	...	...	...	0 +50 +75 0 -190 +10 -50
Konsequenzen, die durch die Wahl dieser Alternative eintreten, und mir Billigung oder Mißbilligung von anderen mir wichtigen Menschen einbringen	...	...	...	+150 +190 -75 0 0
Konsequenzen, die durch die Wahl dieser Alternative eintreten, und mit einem Selbstbild und meiner Selbstachtung übereinstimmen oder dagegen sprechen	...	...	...	+190 +75 +75 -50 -75 -5
Mein erwarteter Nutzen (+/-) aus den Konsequenzen: ∑ (+) 940 ∑(–) 590				

Abb. 13: Beispiel für die letzte Spalte des Bewertungsbogens

5.4 Schritt ④: Die Erfüllung notwendiger Qualifikationen

Es hat sich gezeigt, dass es wichtig ist, einer weiteren Sache noch gezielte Aufmerksamkeit zu schenken, die leider einen negativen Einfluss bedeutet. Denn bei all dem, was Sie persönlich positiv oder negativ finden, darf man nicht vergessen, dass es unausweichliche Voraussetzungen geben kann, die auch Sie erfüllen müssen. Zu solchen Anforderungen könnten beispielsweise gehören:

- Ein hoher NC (Abischnitt)
- Eine bestandene Eignungsprüfung (z.B. Sport, Sprachen, Musikinstrument)
- Das große Latinum

- Ausreichend Sprachkenntnisse in Englisch, weil dies Unterrichtssprache sein kann
- Eine *passende* Ausbildung und Berufserfahrung für ein Studium ohne Abitur

Diese Voraussetzungen gelten nicht an allen Hochschulen und nicht für alle Fächer. Finden Sie deshalb heraus, ob es für das Fach, dessen Bewertungsbogen Sie gerade bearbeiten, solche Voraussetzungen gibt und schätzen Sie ein, wie schwierig es für Sie ist, diese Anforderungen zu erfüllen. Dafür ist der nächste Kasten auf dem Bewertungsbogen vorgesehen. Und als zweite Einschätzung geht es auch hier um die Wahrscheinlichkeit, dass die Anforderung gestellt wird. Am Ende des Kastens ermitteln Sie wieder zunächst durch Multiplizieren die einzelnen Werte für jede Anforderung, um am Schluss durch Addieren den Wert für das dritte Sigma-Zeichen auszurechnen. Dieser Wert bedeutet *„Mein erwarteter Nachteil aus den Qualifikationsanforderungen"*.

5.5 Schritt ⑤: Den relativen Vergleichswert errechnen

Jetzt sind Sie fast am Ende angekommen, denn Sie brauchen nur noch ein letztes Mal zu rechnen, in dem Sie die drei vorhandenen Summen, die Sie am Sigma-Zeichen erkennen, in den Kasten am Ende des Bewertungsbogens übertragen und addieren. Beachten Sie wieder unbedingt die Vorzeichen, damit Sie richtig rechnen.

Jetzt haben Sie für Ihr erstes Fach den passenden *relativen Vergleichswert*.

Was bedeutet nun der „Relative Vergleichswert"?

Vielleicht haben Sie sich beim Ausrechnen spontan über einen eher hohen positiven Wert gefreut oder ärgern sich über einen negativen? Dann möchte ich Ihnen ganz schnell mitteilen, dass es dafür noch zu früh ist! Es stimmt, dass ein hoher positiver Wert bedeutet, dass dieses Fach für Sie sehr attraktiv ist. Doch noch haben Sie den Bewertungsbogen nicht für die weiteren Alternativen erarbeitet und kennen noch nicht deren dazu gehörigen relativen Vergleichswerte. Die könnten theoretisch nämlich noch höher sein! Und an dieser Warnung können Sie jetzt erkennen, wie diese Werte zu benutzen sind: Sie müssen so viele Bewertungsbögen bearbeiten, wie Studienfächer für Sie in Frage kommen. Am Ende haben Sie für jedes Fach einen relativen Vergleichswert als eine Art Zusammenfassung für das jeweilige Fach. Und diese Vergleichswerte dürfen Sie nun miteinander, wie der Begriff es wortwörtlich meint, vergleichen und es gilt: das Studienfach, das den höchsten positiven Wert von allen hat, ist nach Ihrer Sammlung und Bewertung aller positiven und negativen Argumente genau das Fach, bei dem das Meiste dafür spricht, sich für dieses Fach zu entscheiden! Finden Sie mit dem *relativen Vergleichswert* heraus, welches Fach dies in Ihrem Fall ist.

Damit sind Sie am Ende angekommen. Sie haben im ersten Teil dieses Buches die günstige Grundhaltung „gut statt richtig“ kennen gelernt und sich mit den verschiedenen Einflüssen aus Ihrer Umgebung beschäftigt. Im zweiten Teil folgte Ihre umfangreiche Selbstanalyse, bei der Sie rationale und emotionalen Argumente mit Hilfe des Studienwahlbogens gesammelt und ausgewertet haben. Informationen zu konkreten Fächern und Hochschulen zu beschaffen mündete letztendlich in Ihre persönliche Gewichtung in den Bewertungsbögen. Am Ende konnte ein Fach deutlich herausstechen. Und damit sind Sie am Schluss Ihrer Studienwahl angekommen und nach dieser ausführlichen Beschäftigung sollten Sie jetzt alles dafür tun, für Ihr Wunsch-Fach einen Studienplatz zu bekommen.

Oder zögern Sie doch noch, ob das jetzt alles so stimmt? Dann widmen Sie sich noch den folgenden, abschließenden Anmerkungen.

Die Entscheidung oder „Ich trau dem allen nicht über den Weg“

Was auch immer Sie herausgefunden haben, es gibt noch einen entscheidenden letzten Schritt: es zu tun! Jetzt heißt es: Schluss mit der Sucherei! Jetzt liegt zum ersten Mal ein ausführliches und klares Ergebnis vor. Die Zeiten der ständigen *Wenn* und *Aber* sind vorbei, denn noch umfangreicher können Sie Ihre Entscheidung nicht bearbeiten. Daher könnten Sie dieses Ergebnis, das nun für ein bestimmtes Fach spricht, nehmen und damit konkret loslegen. Sie haben etwas gefunden, das vielversprechend klingt und können dem jetzt nachgehen.

Wenn Sie dennoch zögern, dann ist dies kein Problem der Entscheidung mehr, sondern eine Frage von Selbstbewusstsein und auch ein bisschen Mut. Zeigen Sie daher Ihnen wichtigen Menschen die Bewertungsbögen und erläutern Sie ihnen, wie Sie zu dem Endergebnis gekommen sind. Und lassen Sie die anderen das alles kommentieren, damit Bemerkungen fallen können, die Sie dazu ermutigen, den letzten Schritt wirklich zu tun. Sie merken dann, dass die anderen hinter Ihnen stehen und vielleicht auch ein Stück weit erwarten, dass Sie nun konsequent handeln. Es hilft nämlich, wenn jemand sagen würde

„Super! Jetzt hast Du endlich das richtige Fach gefunden!" oder

„Na, dann kannst Du jetzt ja herausfinden, welche Uni das Fach anbietet und Dich bewerben!"

Durch solche unterstützenden Kommentare werden wir in unserem noch zögerlichen Vorhaben positiv verstärkt und angeregt, genau das umzusetzen. Übernehmen Sie also eine gehörige Portion Verantwortung für sich selbst und probieren Sie den Weg aus, der sich vor Ihrem geistigen Auge abzuzeichnen beginnt. Konkret bedeutet das: legen Sie mit Ihrem Favoriten los und tun Sie alles dafür, einen Studienplatz zu bekommen. Ich wünsche Ihnen für diesen Schritt allen Mut, den Sie aufbringen können. Und für die Zukunft wünsche ich Ihnen, dass auch Sie eines Tages rückblickend auf Ihre heutige Situation überzeugt sagen können:

„Das war eine wirklich gute Entscheidung!"

Teil III: Services zur Studienwahl

Dieser dritte Teil soll die beiden bisherigen Teile, in denen Sie sich intensiv auf eine sehr persönliche Weise mit Ihrer Studienwahl beschäftigt haben, um Sachinformationen und Adressen-Tipps ergänzen. Es handelt sich dabei um Informationen, die einige in → Teil I und II erwähnte Begriffe ausführlicher erläutern – Sie finden dann im Text einen entsprechenden Hinweis auf den → Teil III. Zusätzlich erhalten Sie auch solche Informationen, die weit über den Aspekt der Studienwahl hinausgehen können und eher das Studium an sich betreffen. Zu diesen gehören beispielsweise Wissen über Hochschularten oder ohne Abitur studieren zu können. Nehmen Sie die Stichworte und Überschriften zum direkten Nachschlagen oder schauen Sie sich diesen drittel Teil auch nur unter dem Aspekt an, von weiteren Dingen zu erfahren, zu denen Sie keine unmittelbare Frage hätten.

1 Kennenlern-Angebote der Hochschulen, Orientierungsseminare und Studienwahltests

1.1 Zum Reinschnuppern und Kennenlernen

Von den Hochschulen selbst und von freien Trägern werden Kennenlern-Möglichkeiten angeboten, damit Sie sich ein bisschen genauer vorstellen können, was sich hinter einem Studium und den einzelnen Studiengängen überhaupt verbirgt. An einem „Tag der offenen Tür" können Sie sich beispielsweise eine Hochschule kostenlos von Innen anschauen, dabei Lehrende und Studierende direkt befragen oder an organisierten Veranstaltungen teilnehmen. Die Angebote der Hochschulen sind vielfältig und unterschiedlich. Allen gemeinsam ist, dass Sie selbst dabei sein können und damit einen wirklichen ersten Eindruck bekommen können. Unterschiedlich kann der Aufwand für Sie sein. Folgende typischen Angebote gibt es je nach Hochschule oder Anbieter:

Tag der offenen Tür, Infotage und Studieninfowoche

Es gibt verschiedene Titel für die durchgängig kostenlosen Veranstaltungen und sie sind je nach Anbieter auch von unterschiedlicher Dauer. Aber allen gemeinsam ist die Idee, eine Hochschule wirklich mal zu betreten und Uni-Atmosphäre zu schnuppern, ohne schon zu studieren. Sie können vor Ort allgemeine Informationen bekommen als auch spezielle Fragen zu einzelnen Fächern stellen. Sie dürfen an ausgewählten „echten“ Vorlesungen teilnehmen, Vorträge zu übergreifenden Themen besuchen (z.B. *„Wie bewerbe ich mich?“*) oder schriftliche Informationen mitnehmen. Dazu gehört in jedem Fall das Studienangebot einer Hochschule, wo in gedruckter Form alle dort studierbaren Fächer aufgelistet sind.

▶ Web-Tipp

Eine nach Städten alphabetisch sortierte Datenbank mit Veranstaltungshinweisen zu den Infotagen finden Sie unter
www.studienwahl.de/de/kurse-undveranstaltungen/infotage-schnupperstudium/anzeigen.htm

Seien Sie sich bewusst, dass sich eine Hochschule an diesem Tag von ihrer besten Seite zeigen möchte. Für Veranstaltungen werden dann gern repräsentative Räume genutzt, aber nicht immer können die anderen Räume dieses Niveau halten. Schauen Sie deshalb auch ein wenig hinter die Kulissen und gehen Sie durch die anderen Gänge. Versuchen Sie Blicke in Büros, Gruppenräume, PC-Pools und Toiletten zu ergattern. Vorsicht ist auch bei der Veranstaltungsauswahl geboten: wenn Sie beispielsweise ein Fach im sozialen Bereich ausprobieren wollen und das entsprechende Institut hat an diesem Tag auch eine Statistik-Vorlesung für Besucher freigegeben, dann erleben Sie ein für sich vielleicht besonders reizvolles oder abschreckendes Beispiel. Andererseits kann Ihnen dadurch klar werden, welche unterschiedlichen Facetten ein Fach beinhaltet.

Schnupperstudium und Probestudium

Ein Schnupperstudium ist eine intensivere Beschäftigung als der Infotag, denn zwischen einigen Tagen bis zu mehreren Wochen studieren Sie in den echten Räumen und bekommen einen intensiveren Eindruck von der Hochschule.

Das Probestudium *TRYba* für drei Tage bietet beispielsweise die Berliner Hochschule für Kommunikation und Design an. Die Kosten betragen ca. 75 €. Dagegen hält die Hochschule für Kunst, Design und Populäre Musik in Freiburg ein einwöchiges Probestudium für ca. 50 € bereit, während die Uni Würzburg kostenlos ein 14-tägiges Schnupperstudium mit einem Tandemtag anbietet, an dem zusätzlich ein Student eine kleine Schülergruppe aufgeteilt nach Fächern mitnimmt. Ganz neu und spezialisiert kommt die Technische Universität Berlin im WS 2012/13 mit ihrem zulassungsfreien Orientierungsstudium *MINTgrün* daher, bei dem Sie sich 2 Semester kostenlos in den sogenannten Mint-Fächern erproben dürfen (*MINT* steht für Mathematik, Informatik, Natur- und Technikwissenschaften).

▶ Web-Tipp

Eine nach Städten alphabetisch sortierte Datenbank mit Veranstaltungshinweisen zu Schnupper- und Probestudium finden Sie unter www.studienwahl.de/de/kurse-undveranstaltungen/infotage-schnupperstudium/anzeigen.htm

Sommeruni

Ähnlich wie das Schnupperstudium funktioniert auch die Sommeruni. Der Name macht deutlich, dass es sich um ein Programm in den Ferien handelt. Dadurch kann das Angebot aufwändiger gestaltet werden und Sie können mehrere Kurse zu verschiedenen Themen ein paar Wochen lang besuchen. Eine Sommeruni gibt es z.B. an der Freien Universität Berlin, in Dresden oder Mainz. Die Kosten sind minimal (ca. 5–10 €), da Sie jeden Kurs einzeln buchen und sich ein eigenes Programm zusammenstellen können.

▶ Web-Tipp

Eine Übersicht mit Sommeruni-Angeboten finden Sie unter www.hochschulkompass.de/studium/hilfe-bei-der-studienwahl/schnuppern/schnupperstudium.htm

Services

1.2 Orientierungsangebote

Hier finden Sie unterschiedlich aufwändige Möglichkeiten, um sich grundsätzlich zu orientieren. Meistens bestehen diese aus einer Mischung von Information und Selbstreflexion und sind mit einem entsprechend höheren Aufwand verbunden.

Studium generale

Hinter diesem Begriff verbirgt sich eine einjährige Orientierungsphase, in der Sie an Lehrveranstaltungen ganz unterschiedlicher Fachrichtungen teilnehmen. Sie bekommen so einen Einblick in mehrere Fächer, um sich quasi in vielen auszuprobieren. Dies wäre so im sonst üblichen Studienalltag nicht möglich. Anbieter ist das Leibniz-Kolleg in Tübingen, das mit der Universität Tübingen kooperiert. Die Kosten betragen 4.000–5.000 €, die auch Miete und Nebenkosten beinhalten, da Sie zusammen mit den anderen Teilnehmern in einem eigenen Wohnheim wohnen.

Bitte nicht verwechseln: der Begriff „Studium generale" wird auch von vielen Hochschulen benutzt für eine Reihe öffentlicher Lehrveranstaltungen, die damit vor allem eine Allgemeinbildung fördern sollen.

Orientierungsseminare „Abitur – und dann?"

Ein kostengünstiges (100–120 €), 3-tägiges Orientierungsseminare *Abitur – und dann?* mit Unterkunftsmöglichkeit bieten immer gleich zu Beginn eines Jahres die Evangelischen Akademien Tutzing, Bad Boll und Hofgeismar an. Sie sind für Schülerinnen und Schüler der 11. und 12. Klasse gedacht. Das Programm setzt sich aus einer Mischung von Vorträgen und Kontakten zusammen. Sie lernen die verschiedenen Hochschultypen kennen, können Gespräche mit Vertretern aus etwa 40 Berufsfeldern führen und lernen kreative und systematische Entscheidungsmethoden kennen. Letztere haben Sie mit diesem Buch aber ja bereits abgedeckt.

„Berufswahl - Wege nach dem Abitur"

Auch die Bundesagentur für Arbeit versucht den Übergang zwischen Abitur und Ausbildung zu unterstützen und hat dafür ein umfangreiches kostenloses Heft erstellt, welches Sie auch im Internet finden. Neben Informationen zum Angebot der Berufsberatung und den Berufsinformationszentren (BIZ) gibt es darin Informationen zu den Hochschultypen und Zulassungsverfahren ebenso wie zu Alternativen zum Studium. Mit einem Selbsterkundungsprogramm können Sie Ihre Interessen herausfinden.

> ▶ Web-Tipp
> Das kostenlose Heft finden Sie als PDF-Download unter
> www.arbeitsagentur.de/Dienststellen/RD-BY/Muenchen/AA/Buerger/BIZ/pdf/Berufswahl-Wege-nach-dem-Abitur-2012-2013.pdf

Naturwissenschaftliche Schülergesellschaft

Beispielhaft möchte ich noch eine ganz andere Art der Informationsgewinnung erwähnen. Die Biophysikalische Schülergesellschaft ist eine Initiative in der Humboldt-Universität zu Berlin und hat sich zum Ziel gesetzt, Schülerinnen und Schülern mit Vorlesungen „echter" Wissenschaftler Einblicke in deren Arbeitsgebiete und Forschung zu geben. Eine solche Gesellschaft gibt es auch noch für die Bereiche Mathematik und Chemie. Etwas Vergleichbares gibt es auch in Leipzig. Finden Sie heraus, ob die Hochschule in Ihrer Nähe ein solches Angebot macht.

1.3 Studienwahl- und Eignungstests

Einen kostenlosen Studienwahltest im Internet mitzumachen ist für viele einer der ersten Versuche, eine klare Empfehlung für das richtige Fach zu bekommen. Die Namen suggerieren ja häufig auch eine Prüfung der Eignung und daher vermutet man, mit einem Test etwas wirklich Aussagekräftigeres zu bekommen. Noch mehr als *geeignet sein* geht schließlich auch nicht. Doch leider können nicht alle Tests ihre Versprechen halten oder Nutzer eines Tests bewerten das Ergebnis zu stark. Oder sogar falsch, nämlich anders, als der Test gedacht ist.

Ich möchte Ihnen die verschiedenen Formen an dieser Stelle kurz erläutern, so dass Sie ein bereits vorhandenes Ergebnis besser einordnen oder sich einem wirklich hilfreichen Test stellen können, indem Sie die passende Testform für sich finden. Denn das Auswahlmotto sollte lauten: *„Welche Aussage will ich bekommen und mit welchem Test ist dies zu erreichen?“*

Das Selbsterkundungsprogramm in der Broschüre „Abitur – und dann?“

Die Bundesagentur für Arbeit hat eine umfangreiche Broschüre herausgegeben, die sich an Schülerinnen und Schüler der 12. und 13. Klassen wendet. Auf den Seiten 61–72 finden Sie ein Selbsterkundungsprogramm, mit dem Sie eher allgemeiner als bei einem Studienwahltest interessante Tätigkeitsfelder benennen und im Anschluss werden Ihnen dazu passende Berufe genannt.

Das Selbsterkundungsprogramm ist für Sie passend, wenn Sie sich noch nicht auf ein Studium als Ausbildungsweg festgelegt haben und offen sind für Berufe aller Art.

> ▶ Web-Tipp
> Die Broschüre der Agentur für Arbeit München finden Sie als PDF-Download unter
> http://www.arbeitsagentur.de/Dienststellen/RD-BY/Muenchen/AA/Buerger/BIZ/pdf/Berufswahl-Wege-nach-dem-Abitur-2012-2013.pdf

Der „abi>>powertest“ von der Bundesagentur für Arbeit

Relativ neu ist der kostenlose „abi>>powertest“, den Sie im Internet finden und allein bearbeiten können. Das Online-Tool versucht, aufgrund einer Selbsteinschätzung von Interessen und Stärken und dem Vergleich mit Berufs- und Studienprofilen passende Studiengänge oder auch Ausbildungsberufe zu ermitteln. Entsprechend umfangreich ist dieser Test und empfiehlt für alle Elemente eine Dauer von 75–90 Minuten.

Dieser Test ist für Sie passend, wenn Sie eine schnelle Orientierung wollen und wenn Sie sich noch nicht auf ein Studium als Ausbildungsweg festgelegt haben und offen sind für Berufe aller Art. Er gibt eine erste Orientierung, auf der Sie gut aufbauen können.

> ▶ Web-Tipp
> Der kostenlose Online-Test der Bundesagentur für Arbeit zeigt passende Ausbildungsberufe und Studiengänge aufgrund der Analyse von Interessen und Stärken an:
> www.powertest.abi.de

Studienwahltests

Die meisten dieser Tests müssten eigentlich „Interessentest" heißen. Denn es wird versucht, aus Ihren unterschiedlichen Interessen, die Sie selber einschätzen, etwas Übergreifendes abzuleiten, um Ihnen dann Studienfächer zu nennen, in denen Ihre Interessen am ehesten gestillt werden. Doch Achtung: Ihre Interessen sind zwar eine wichtige Orientierung, sagen aber natürlich nichts darüber aus, ob Sie auch über die passenden Fähigkeiten verfügen.

Ein fachübergreifender Studienwahltest ist für Sie passend, wenn Sie mehrere Interessen haben, die Sie geordnet haben möchten oder wenn Sie denken, Sie interessieren sich für nichts wirklich. Hinweise zu Eignungstests finden Sie ausführlich im *Abschnitt 1* dieses Serviceteils beschrieben.

Ausgewählte Studienwahltests:

- Hermann, Dieter & Verse-Hermann, Angela:
  Der große Studienwahltest

  Das Autorenpaar hat zahlreiche Bücher zu den Themen „Berufsorientierung" oder „Berufswahl" geschrieben und auch einen Studienwahltest konstruiert. Für fiktive Seminar- und Vorlesungstitel schätzen Sie ein, wie interessiert Sie wären, die jeweilige Veranstaltung zu besuchen. Daraus werden Studiengänge abgeleitet, in denen sich die angegebenen Interessen widerspiegeln.

- Der kostenlose **Online-Studienwahltest**
  von der plus Media GmbH, Wien

  Nach dem Bearbeiten der sechs Module erfahren Sie, wie Sie für unterschiedliche Studienrichtungen geeignet sind. Aus 95 Studienrichtungen mit 289 Fachbereichen in 11647 Studiengängen für Deutschland, Österreich und der Schweiz werden Ihnen die passenden Studiengänge genannt. Die Module befassen sich mit folgenden Themen:

  Modul 1: Welche Studienform passt zu mir?

  Modul 2: Selbsteinschätzung Schlüsselqualifikationen

  Modul 3: Schulnoten unter optimalen Bedingungen als Hinweis auf Begabungen

  Modul 4: Studien-Interessenstest mit realen Veranstaltungstiteln

  Modul 5: Berufs-Interessenstest

  Modul 6: Intelligenz- und Leistungstest als Stärken- und Schwächen-Analyse

> ▶ Web-Tipp
> Den kostenlosen „Online-Studienwahltest" finden Sie unter
> www.studieren-studium.com

- Der kostenpflichtige Berufswahltest **Explorix** (online 12,50 € oder als Buch 14,80 €) basiert auf einem wissenschaftlichen Modell und prüft sechs „Persönlichkeitstypen" im Zusammenhang mit beruflichen Interessen. Drei Untertests mit 11–14 Fragen ergeben mit einem Gesamtcode eine individuelle Reihenfolge der Buchstaben R, I, A, S, E und C. Diese stehen jeweils für eine:

  (R)ealistic = handwerklich-technische Ausrichtung

  (I)nvestigate = untersuchend-forschende Ausrichtung

  (A)rtistic = künstlerische / kreative / sprachliche Ausrichtung

  (S)ocial = soziale / erzieherische / pflegende Ausrichtung

  (E)nterprising = unternehmerische Ausrichtung

  (C)onventional = ordnende / verwaltende Ausrichtung

Dem persönlichen Gesamtcode entsprechend werden in einem Berufsregister dann konkrete Berufe zugeordnet und der dazugehörige Ausbildungsweg aufgezeigt.

> ▶ Web-Tipp
> Den kostenpflichtigen Berufswahltest *Explorix* finden Sie unter
> www.explorix.de

Der Studienfeldbezogene Beratungstest (SFBT) der Bundesagentur für Arbeit

Dieser jeweils 2–3 Stunden dauernde Test für sechs Bereiche wird von den Psychologischen Diensten der Agentur für Arbeit angeboten. Der Test klärt ab, ob in dem von Ihnen gewünschten Bereich ein Studienfach für Sie liegen sollte, in dem Sie mit fachtypischen Aufgabenstellungen konfrontiert werden. Die Bereiche sind:

- Naturwissenschaften
- Ingenieurwissenschaften
- Wirtschaftswissenschaften
- Rechtswissenschaften
- Informatik / Mathematik
- Philologische Studiengänge

Sie haben die Möglichkeit, sich in einem anschließenden Auswertgespräch das Ergebnis ausführlicher von einem Berater erläutern zu lassen.

Der SFBT ist für Sie geeignet, wenn Sie glauben, dass Ihre Stärken in einer bestimmten Richtung liegen (z.B. Wirtschaftswissenschaften) und Sie das überprüfen möchten, bevor Sie sich um konkrete Fächer kümmern.

> ▶ Web-Tipp
> Die Infobroschüre der Bundesagentur für Arbeit finden Sie als PDF-Download unter
> www.arbeitsagentur.de/zentraler-Cotent/Veroeffentlichungen/Berufsorientierung/Studienfeldbezogene-Beratungstests-SFBT.pdf

Services

2 Ergänzende Informationen zum Studienwahlbogen: Im Anschluss an die Schule erworbene Fähigkeiten und Erfahrungen

In diesem Teil wird ausführlicher beschrieben, aus welchen Aktivitäten Sie noch Fähigkeiten und Erfahrungen für das Quadrat 5 des Studienwahlbogens ableiten können. Wenn Sie eine dieser Aktivitäten bisher noch nicht mitgemacht haben, dann können Sie diesen Teil auch als Anregung verstehen. Denn viele Abiturienten überlegen, vor der Aufnahme einer Ausbildung oder zur Überbrückung von Wartezeiten auf einen Studienplatz die Zeit bis dahin sinnvoll zu nutzen. Oder sie probieren sich mit einem außerschulischen Engagement aus und überprüfen damit ihre Vorstellungen, ob ihnen bestimmte Dinge wirklich liegen und daraus vielleicht sogar ein Beruf entstehen kann.

Freiwilligendienste: FSJ (Freiwilliges Soziales Jahr) oder FÖJ (Freies Ökologisches Jahr), Freiwilligendienst im Ausland, Bundesfreiwilligendienst oder Freiwilliger Wehrdienst, Europäischer Freiwilligendienst, Entwicklungspolitischer Freiwilligendienst „weltwärts"

Vielleicht haben Sie wie viele andere auch bereits einen Freiwilligendienst absolviert oder sind gerade dabei. Während Sie im FSJ in einer Kultur-, Sport- oder sozialen Einrichtung geholfen haben, lag der Schwerpunkt beim FÖJ im Bereich Natur- und Umweltschutz. Beim Freiwilligendienst im Ausland lag der Schwerpunkt auf dem Kennenlernen einer anderen Kultur. Und während Sie beim freiwilligen Wehrdienst den Gebrauch von Waffen gelernt haben, konnten Sie beim Bundesfreiwilligendienst als Alternative zum 2011 weggefallenen Zivildienst wiederum etwas im sozialen Kontext helfen. Im europäischen Ausland können Sie sich mit dem „Europäischen Freiwilligendienst" und sogar weltweit mit dem „Entwicklungspolitischen Freiwilligendienst *weltwärts* in einem gemeinnützigen Projekt engagieren. Diese unterschiedlichen Erfahrungen und dabei erworbenen Fähigkeiten können Sie im Quadrat 5 festhalten.

▶ Web-Tipp
Für FSJ/FÖJ die Infobroschüre „Für mich und andere" unter
www.bmfsfj.de (Broschürenstelle)

Alternativ:

www.rausvonzuhaus.de
www.bundesfreiwilligendienst.de

Freiwilligendienst im Ausland:
www.go4europe.de
www.weltwaerts.de

Freiwilligendienst der Bundeswehr:
www.bundeswehr-karriere.de

Au-pair

Als Au-pair ins Ausland zu gehen ist eine beliebte Art, nach dem Abitur in einer Familie zu leben, bei der Hausarbeit zu helfen und vor allem deren Kinder zu betreuen. Dafür hat man Unterkunft und Verpflegung frei und erhält von der Gastfamilie ein Taschengeld. Neue Sprach- und Kulturkenntnisse und der Aspekt, ob Sie gut mit Kindern umgehen konnten, erweitern die Liste im fünften Quadrat.

▶ Web-Tipp
www.arbeitsagentur.de
(unter: „Bürgerinnen & Bürger"/„Zwischen Schule und Beruf")
Alternativ: Verein für Internationale Jugendarbeit:
www.au-pair-vij.org

Work and Travel

Da Sie durch ein besonderes Visum während der Reise verschiedene Gelegenheits- und Aushilfsjobs annehmen dürfen, können Sie bereits mit einem kleineren Budget die Reise beginnen und durch das Arbeiten Sprache, Land und Leute intensiver kennen lernen. Die neuen Sprach- und Kulturkenntnisse und die vielleicht unterschiedlichen ausgeübten Tätigkeiten können als Fähigkeiten in diesem Quadrat festgehalten werden.

▶ Web-Tipp
www.work-and-travel.de

Praktikum, Erststudium oder abgeschlossene Berufsausbildung mit Arbeitserfahrung

Viele haben in Hinsicht auf ihre Studienwahl gezielt Praktika absolviert, um sich in den ausgewählten Bereichen zu erproben. Auch bei einem Schülerpraktikum konnte man einen Betrieb von Innen kennenlernen und einen Eindruck bekommen, ob man dort gut aufgehoben wäre. Wer schon ein erstes Studium oder eine Berufsausbildung hinter sich und möglicherweise im Anschluss auch schon darin gearbeitet hat, verfügt noch deutlicher über solche Eindrücke. Wenn Sie über positive Erfahrungen verfügen und dabei Kenntnisse erworben haben, die durchaus in eine Neuorientierung mit einfließen dürfen, dann sind dies Dinge, die in Quadrat 5 unterkommen.

3 Ergänzende Informationen zu Self-Assessment und dem passgenauen Profil einer Hochschule

Self-Assessment bedeutet, dass Sie selbst prüfen können, ob Sie grundlegend geeignet für das Studium einer Fachrichtung oder eines konkreten Faches sind. Am Beispiel der Informatik sieht man, dass es inzwischen zahlreiche solcher Selbsttests von verschiedenen Hochschulen gibt. Man könnte diese Testverfahren auch als Studierfähigkeitstests bezeichnen, denn bei einem Self-Assessment versuchen Sie, Aufgaben zu lösen, die solche Inhalte abdecken, wie sie typischerweise zu diesem Fach gehören. Wenn Sie große Probleme mit den Aufgabenstellungen haben, dann sollten Sie von diesem Fach Abstand nehmen, weil Ihnen genau so etwas vom ersten Semester an begegnen wird. Die Hochschulen versuchen damit böse Überraschungen im ersten Semester zu verhindern. Das ist mit dem Begriff „Passung" gemeint: da jede Hochschule eigene Schwerpunkte bei der Verteilung der Studieninhalte setzt – beispielsweise bei Betriebswirtschaft einen besonders starken mathematischen Schwerpunkt – hat sie ein eigenes Profil, zu dem Sie gut passen können. Oder eben auch nicht. Dies können Sie mit einem Self-Assessment überprüfen.

Manche Hochschulen nutzen solche fachbezogenen Auswahltests inzwischen auch als Kriterium bei der Bewerberauswahl oder machen zumindest die bloße Teilnahme zur Bedingung im Zusammenhang mit der Bewerbung, wie etwa die HAW Hamburg. In Baden-Württemberg ist eine Teilnahmebescheinigung grundsätzlich für alle Hochschulen des Bundeslandes notwendig - durchfallen kann man dabei aber nicht und das Testergebnis können auch nur Sie einsehen.

3.1 Self-Assessment für einzelne, konkrete Fächer

Mit einem Self-Assessment für ein konkretes Fach werden das Interesse und die Fähigkeiten für dessen Inhalte gut herausgefiltert. Das Ergebnis ist aber natürlich kein Hinweis auf den Studienerfolg. Nutzen Sie diese Testform eher als Ideengeber, aber die Entscheidung selbst wird Ihnen natürlich nicht abgenommen.

Beispiel Informatik:

- TU Chemnitz:
  www.tu-chemnitz.de/informatik/saci_entw/
- Universität Frankfurt am Main.:
  www.gdv.informatik.uni-frankfurt.de/self-assessment/Informatik/webpage/html_content/startseite.htm

- Universität Freiburg:
  http://osa.uni-freiburg.de/informatik/#
- Universität München:
  www.pms.ifi.lmu.de/eignungstest/

Alle übrigen Fächer: geben Sie in einer Suchmaschine den Begriff „self-assessment“, Ihr Wunschfach und Ihre Wunschstadt ein. Wenn vorhanden, taucht sofort ein passender Test auf.

3.2 Self-Assessment für den Beruf „Lehrer“

Speziell für zukünftige Lehrer gibt es mehrere Kurztests als Selbsterkundung, um einen ersten Eindruck von der Eignung für eine Lehrerlaufbahn zu bekommen.

▶ Web-Tipp

Für zukünftige Lehrer: www.cct-germany.de Klicken Sie auf den Link „Geführte Touren“.
Oder www.vbe.de/angebot/potsdamer-lehrerstudie/fit-fuer-den-lehrerberuf.html Selbsterkundungsverfahren für angehende Lehrer des Verbands Bildung und Erziehung

3.3 Self-Assessment für den MINT-Bereich

Mit *tasteMINT* kann man als Schülerin herausfinden, ob man sich für den sogenannten MINT-Bereich eignet. Die Abkürzung fasst die Fachbereich Mathematik, Informatik, Naturwissenschaften und Technik zusammen (Der Name setzt sich aus den Anfangsbuchstaben der vier Fachbereiche zusammen). Um den Anteil von Frauen in den beteiligten Fächern zu erhöhen, wird dieses Verfahren mehrmals im Jahr an verschiedenen Hochschulen oder auf Wunsch an der eigenen Schule angeboten. Weibliche Studieninteressierte können damit testen, ob ihre Stärken im MINT-Bereich liegen.

▶ Web-Tipp
Frauen für den Bereich Mathematik / Informatik / Naturwissenschaften / Technik:
www.tastemint.de

3.4 Eignungstests und Hochschulprofile

Viele Hochschulen haben inzwischen eigene, übergreifende Eignungstests entwickelt, so dass Sie deren Fächerspektrum kennenlernen und dabei prüfen können, ob Sie mit Ihren Fähigkeiten dazu passen würden. Die Eignungstests können zum Einen nur grobe Fachrichtungen (z.B. Verbund norddeutscher Hochschulen), oder eben einzelne Fächer (z.B. Uni Freiburg) betreffen. Eine Auswahl der größeren bzw. bekannteren, hilfreichen Self-Assessments finden Sie hier – in alphabetischer Reihenfolge – kurz dargestellt. Inzwischen bauen immer mehr Hochschulen dieses Angebot aus.

▶ Web-Tipp
Einen guten Überblick über die Tests der einzelnen Hochschulen finden Sie unter
www.studis-online.de/studinfo/selbsttests.php
Oder im „abi>>Portal" (www.abi.de), wenn Sie als Suchbegriff „CodeFSA" eingeben.

Services

Aachen

Ca. 2-stündiger Eignungstest der Rheinisch-Westfälischen Technischen Hochschule Aachen. Die Auswertung erfolgt in Bezug auf die angebotenen Bachelor-Studiengänge.

www.rwth-aachen.de/go/id/eft

Bochum

Kostenloses Beratungstool für Studieninteressierte. Der Onlinetest der Ruhr-Universität Bochum vergleicht Ihre Fähigkeiten und

Interessen mit Anforderungen der einzelnen, angebotenen Fächer und stellt fest, ob Sie geeignet wären.

www.ruhr-uni-bochum.de/borakel

Bonn

Der „Studienscout Academicus“ der Universität Bonn ist ein Self-Assessment, das alle Bachelor-Studiengänge dieser Hochschule von Agrarwissenschaften bis Volkswirtschaftslehre berücksichtigt.

www.studienscout.uni-bonn.de

Freiburg

Der 90-minütige „Online Studienwahl Assistent“ ist ein Eignungstest der Universität Freiburg für deren Fächer von Anglistik bis Volkswirtschaftslehre. Darüber hinaus erhalten Sie Informationen zu Studieninhalten und Anforderungen, zum Teil durch Videos oder kommentierte Fotos.

www.studium.uni-freiburg.de/studieninteressierte/osa

Hamburg

Eignungstests der Hochschule für Angewandte Wissenschaften Hamburg für die verschiedenen Fächer der HAW.

www.haw-navigator.de/haw_navigator_index.htm

Jena

Mit dem Self-Assessment der Ernst-Ebbe-Fachhochschule Jena können Sie grundsätzliche Kernkompetenzen für ein Studium eines technischen Ingenieurstudiengangs überprüfen. Zusätzlich können Sie die Eignung für einzelne Fächer wie Mechatronik oder Soziale Arbeit testen.

http://selfassessment.fh-jena.de

Mannheim

Das *Mannheimer Informationssystem für Studieninteressierte* der Universität bezieht sich auf die Studiengänge Soziologie, Politikwissenschaft oder Psychologie.

www2.sowi.uni-mannheim.de/dekanat/self-assessment

Münster

Die Fachhochschule Münster bezieht in ihrem *Wegweiser – meine Studienwahl* auch das Interesse und Ihre Leistungen in Schulfächern, den bisherigen Bildungsweg, Sprachkenntnisse und verschiedene Aktivitäten mit ein. Die Auswertung erfolgt bezogen auf die angebotenen Bachelor-Studiengänge.

www.fh-muenster.de/studium/studiengaenge/wegweiser.php

Verbund norddeutscher Universitäten

Die Universitäten von Bremen, Greifswald, Hamburg, Kiel, Lübeck, Oldenburg und Rostock haben sich zum Verbund Norddeutscher Universitäten zusammengeschlossen. Dieser stellt einen Eignungstest für 5 verschiedene Studienfelder zur Verfügung:

- Gesellschafts- und Sozialwissenschaften
- Naturwissenschaften
- Rechtswissenschaften
- Wirtschaftswissenschaften
- Sprach- und Geisteswissenschaften

www.uni-nordverbund.de/selfassessment.html

4 Hochschularten

In → Teil I fanden Sie den Hinweis, dass an dieser Stelle die verschiedenen Hochschularten kurz beschrieben werden. Achten Sie bei einer ausgewählten Hochschule auf die staatliche Anerkennung, weil es auch unseriöse Anbieter ohne eine solche Anerkennung gibt. Ergänzend hierzu sollten Sie auch den nächsten *Abschnitt 5 Besondere Studienformen* lesen.

Universitäten

Im Vordergrund steht hier die Grundlagenforschung. Daher wird jedes Studienfach überwiegend theoretisch bearbeitet, der Erwerb von Fähigkeiten, wissenschaftlich zu arbeiten, steht im Vordergrund und wird durch Haus- und Abschlussarbeiten nachgewiesen. Doch Kontakte zu Unternehmen zur Steigerung des Praxisbezugs werden immer stärker ausgebaut.

Fachhochschulen

Anwendungsorientierte Forschung prägt das Aufgabenspektrum der Fachhochschulen. Durch die Zusammenarbeit mit Unternehmen gibt es von vornherein einen starken Praxisbezug. Das Studium ist deutlich verschulter als an Universitäten. Speziell für die Laufbahn des gehobenen Dienstes in der Verwaltung bilden die Fachhochschulen für öffentliche Verwaltung des Bundes und der Länder aus.

Kunst-, Musik- und Filmhochschulen

Da Sie eine Eignungsprüfung bestehen müssen, ist eine entsprechende künstlerische Begabung notwendig.

Kirchliche Hochschulen

Eine christliche Überzeugung ist Grundlage, um an diesen Hochschulen Fächer wie Theologie, Philosophie, Alte Sprache oder Pädagogik zu studieren.

Pädagogische Hochschulen

Ein spezielles Studium für den Beruf des Lehrers aller Schultypen ist nur noch in Baden-Württemberg möglich.

Private Hochschulen

Diese kostenpflichtigen Hochschulen mit hohen Studiengebühren (ca. 4.000–9.000 €/Jahr) zeichnen sich durch eine entsprechend gute Ausstattung und Betreuung aus, die sich auch in den Kontakten zur freien Wirtschaft zeigt.

Duale Hochschule Baden-Württemberg (DHBW)

Studium und Mitarbeit in einem Unternehmen werden hier kombiniert. Man muss selbst einen Ausbildungsplatz in einem Unternehmen oder einer sozialen Einrichtung nachweisen, um parallel dazu mit dem Studium zu beginnen. Theorie und Praxis wechseln sich zugunsten eines hohen Praxisbezugs ab. Sie erhalten eine monatliche Vergütung, sollten aber auch einen enormen Zeitaufwand einplanen. Die „Duale Hochschule" ist ein spezieller Zusammenschluss in diesem Bundesland. Weitere allgemeine Informationen zu den Varianten des dualen Studiums finden Sie hier im Serviceteil unter *Abschnitt 5 Besondere Hochschulformen*.

5 Besondere Studienformen

In → Teil I fanden Sie den Hinweis, dass an dieser Stelle die besonderen Studienformen kurz beschrieben werden:

5.1 Studieren im Praxisverbund: Duales Studium und ähnliche Formen

Das Duale Studium ist die bekannteste Form, bei der eine Kombination aus Studium und betrieblicher Praxis hergestellt wird. Aber es gibt noch andere Varianten, die ebenso dargestellt werden. Bedenken Sie bei allen Varianten die mögliche Doppelbelastung, denn tatsächlich sind Sie mit zwei Dingen gleichzeitig an ganz unterschiedlichen Lernorten beschäftigt.

a) Duales Studium

Diese Konstruktion ermöglicht ein Bachelor-Studium an einer Hochschule, bei dem Sie gleichzeitig längere Praxisphasen in einem Partnerbetrieb absolvieren. Der Praxisbezug ist also vorprogrammiert und inhaltlich und zeitlich auf das Studium abgestimmt. Am häufigsten wird diese Studienform für Wirtschaftswissenschaften angeboten, inzwischen gibt es aber auch immer mehr Angebote in anderen Fachbereichen. Der Partnerbetrieb zahlt Ihnen für den Praxisanteil ein Gehalt, was für viele das Duale Studium besonders attraktiv macht.

b) Ausbildungsintegriertes Studium

Diese hauptsächlich von Fachhochschulen angebotene Variante integriert eine Berufsausbildung in ein Studium, so dass Sie am Ende zwei unterschiedliche Abschlüsse im selben Fachgebiet haben. Diese Studienform gibt es vor allem für Wirtschaftswissenschaften, Informatik und Ingenieurwissenschaften.

c) Studium an einer Berufsakademie

Berufsakademien sind keine Hochschulen, wenngleich die Bachelor-Abschlüsse häufig gleichgestellt sind. Denn die meisten Bachelor-Abschlüsse berechtigen zu einem Masterstudium an einer Fachhochschule oder Universität. Neben dem praktischen Ausbildungsteil in einem Betrieb wird der theoretische Anteil in der Berufsakademie absolviert. Für Ihre Zeit im Betrieb erhalten Sie ein Gehalt. Speziell in Baden-Württemberg haben sich die Berufsakademien zu einer großen „Dualen Hochschule“ zusammengeschlossen.

> ▶ Web-Tipp
> Einen Überblick über duale Studienangebote finden Sie unter
> www.ausbildung-plus.de

5.2 Fernstudium

Das Fernstudium verknüpft die klassische Form des Präsensstudiums mit zeitlich gesehen selbst einzuteilenden Lernformen, bei denen die verschiedensten Medien eingesetzt werden. Das bedeutet, dass sich beispielsweise Berufstätige, Eltern, Menschen mit einer Behinderung oder Menschen im Strafvollzug selbst ihre Lernphasen einteilen können, um gedruckte Studienbriefe, Online-Kurse oder Lern-CDs zu bearbeiten. Immer häufiger sind auch Lifestreams im Internet verfügbar. Für die meisten kommt hinsichtlich des Zeitaufwandes sicherlich nur ein Teilzeitstudium in Frage. Bei dieser Studienform können allerdings Kosten durch Studien- oder Materialgebühren auf Sie zu kommen. Die bekannteste Einrichtung ist die einzige staatliche Fernuniversität: die FernUniversität Hagen. Es gibt aber auch Fern-Fachhochschulen.

Wenn Sie ganz grundsätzlich für sich überprüfen wollen, ob diese Form des Studierens für Sie passend ist, dann nutzen Sie ruhig zur Selbstreflexion einen Test, den die Schweizer Fern-Fachhochschule online und kostenlos bereitstellt.

▶ Web-Tipp

Die FernUniversität Hagen finden Sie unter
www.fernuni-hagen.de
Den kostenlosen Test zur Selbstreflexion finden Sie unter
www.fernfachhochschule.ch/ffhs/studieren/online-test

5.3 Juniorstudium

Immer mehr Hochschulen bieten besonders begabten Schülern der Oberstufe die Möglichkeit, einzelne Veranstaltungen zu belegen und teilweise auch Leistungsnachweise zu erwerben, die sie später auf ihr Studium anrechnen lassen können. Im Gegenzug kann die Schule von ihrem Unterricht befreien.

5.4 Internationale Studiengänge

Viele Hochschulen kooperieren mit Partnerhochschulen im Ausland. Die enge Verbindung macht es möglich, ein oder zwei Semester dort zu studieren und dadurch vielleicht sogar einen doppelten Abschluss zu erwerben.

5.5 Teilzeitstudium

Wie auch bei der Idee des Fernstudiums sollen mit dieser Studienform flexiblere Möglichkeiten für diejenigen geschaffen werden, die aufgrund bestimmter Aufgaben oder Einschränkungen kein Vollzeitstudium absolvieren könnten. Dies kann etwa bei Berufstätigkeit, für Eltern, mit einer chronischen Erkrankung oder Behinderung oder auch bei anderen schwerwiegenden Gründen hilfreich sein. Denn ein Teilzeitstudium entlastet Sie, da Sie die Studienleistungen eines Semesters nicht im vollen Umfang erbringen müssen und damit mehr Zeit und Energie für die anderen Anforderungen haben. Klären Sie vorher aber unbedingt, ob sich diese Studienform bei Ihnen auf irgendwelche nichtuniversitären Bereiche, wie etwa BAföG, Krankenversicherung oder eine Aufenthaltserlaubnis auswirken würde. Nicht alle Studiengänge sind möglich, in Teilzeit zu studieren – erkundigen Sie sich am besten bei der Studienberatung der jeweiligen Hochschule.

6 Studienabschlüsse

Die Idee der gestuften Studiengänge Bachelor und Master ist folgende:

Der erste berufsqualifizierende Hochschulabschluss ist der **Bachelor** nach sechs bis acht Semestern. Sie haben dann an einer Universität bei einem *Mono-Bachelor* hauptsächlich ein Fach und beim *Kombinations-Bachelor* zwei gleichwertige Fächer bzw. ein Hauptfach mit zwei Nebenfächern studiert. An Fachhochschulen werden Studiengänge ausschließlich als Mono-Bachelor angeboten.

Mit dem Bachelor-Abschluss können Sie nun bereits berufstätig werden oder Sie nehmen ein **Master**studium auf. Dieses kann an einer anderen deutschen oder ausländischen Hochschule geschehen, Sie können es aber ebenso an Ihrer bisherigen Hochschule anknüpfen. Inhaltlich gesehen können sie mit dem Masterstudium einen Schwerpunkt herausarbeiten oder fachfremde Inhalte als Ergänzung wählen. Interessant kann auch die Möglichkeit sein, erst eine Berufstätigkeit aufzunehmen und zu einem späteren Zeitpunkt ein Masterstudium anzuschließen. Sie können sich damit dann inhaltlich verändern, oder aber auch Wissen erlangen, was Ihrer aktuellen Erfahrung nach in der Berufstätigkeit notwendig ist. Diese Flexibilität war Ziel der Reform.

Die meisten Geistes- und Sozialwissenschaften enden mit einem **Bachelor of Arts**, während es den **Bachelor of Science** für Natur- und Ingenieurwissenschaften, Mathematik, Informatik, Psychologie und Wirtschaftswissenschaften gibt.

An einer Fachhochschule erhalten Sie für ein Ingenieurstudium meistens den **Bachelor of Engineering**. Haben Sie Ihre Fächer auf Lehramt studiert, beenden Sie diese mit dem **Bachelor of Education**. Und während der **Bachelor of Law** für einige juristisch orientierte Studiengänge vergeben wird, heißt der Abschluss in künstlerischen Studiengängen **Bachelor of Music** oder **Bachelor of Fine Arts**.

Eine Besonderheit stellen die medizinischen Studiengänge dar, weil Sie mit einem **Staatsexamen** enden. Und in Rechtswissenschaft legen Sie nach der Ersten juristischen Prüfung und einem 2-jährigen Referendariat dann die Zweite Staatsprüfung ab. Die Prüfungen heißen Staatsexamen, weil sie nicht an der Hochschule, sondern in einem staatlichen Prüfungsamt abgelegt werden.

7 Studieren ohne Abitur

Vielleicht haben Sie schon mal davon gehört, dass man sogar auch ohne Abitur studieren kann? In der Tat ist die Bundesregierung daran interessiert, Menschen ohne Abitur, aber mit Berufserfahrung ein Studium zu ermöglichen, um die Nachfrage an Akademikern zu decken. Die Grundidee ist folgende: Durch eine Berufsausbildung und anschließende Berufstätigkeit haben Sie einschlägige Erfahrungen in einem bestimmten Bereich gesammelt. Inhaltlich gesehen passen diese Erfahrungen zu entsprechenden Studienfächern. Diese dürfen Sie dann studieren. Das bedeutet dann natürlich, dass Sie sich nicht irgendein Fach einfach aussuchen dürfen. Die Universitäten behalten sich vor, zu prüfen, ob die Berufserfahrungen einschlägig genug sind, um Ihnen eine **fachgebundene Hochschulzugangsberechtigung** zu ermöglichen. Das bedeutet, dass es leider keine Auflistung gibt, wo Sie nachsehen können, welchen Beruf man für welches Studium bräuchte. Tatsächlich hängt es nämlich vor allem von Ihrer schriftlichen Begründung ab, in der Sie argumentieren, wie das Studium zu Ihrem bisherigen Bildungsweg passen würde. Haben Sie allerdings einen Meistertitel oder einen anderen hochqualifizierten Abschluss, dann sind Sie in fast allen Bundesländern gleichgestellt, als hätten Sie die allgemeine Hochschulreife. Damit dürfen Sie sogar aus allen Studiengängen auswählen.

Tatsächlich machen viele von dieser Möglichkeit Gebrauch: über 2 % der Studienanfänger beginnen ein Studium ohne Abitur. Die Chancen auf einen Studienplatz stehen nicht schlecht, wenn Sie als Beispiel nehmen, dass die Humboldt-Universität zu Berlin 8 % ihrer Studienplätze für dieses Verfahren bereitstellt. Und die Hochschulen passen die Zugangsbedingungen immer mehr diesem Trend an und verbessern diese Möglichkeit im Sinne der Bewerber. Erkundigen Sie sich aber unbedingt nach den konkreten Bedingungen in Ihrem Bundesland, da es enorme Unterschiede geben kann. So können Forderungen bzgl. der Dauer der Ausbildung (mindestens zwei Jahre) oder bzgl. der Berufstätigkeit (mindestens drei Jahre) gestellt werden.

Viele Studieninteressierte, die über diesen Weg an die Universität kommen können, haben Bedenken, ob sie ein Hochschulstudium schaffen können. Die Überlegungen sind berechtigt, wenn man sich bewusst macht, dass Abiturienten vielleicht mehr Grundlagenwissen haben können und – direkt von der Schule kommend - das Lernen an sich noch gewohnt sind. Nach mehreren Jahren

Berufstätigkeit kann es sich seltsam anfühlen, wieder in einer Art Lehrer-Schüler-Verhältnis zu sein. Klären Sie mit der Studienfachberatung eines Faches, ob es von Seiten der Hochschule Möglichkeiten gibt, Wissenslücken etwa durch Brückenkurse zu schließen. Und auch Kurse zu Lern- und Arbeitstechniken kann es geben. Diese können Ihnen den Neustart erleichtern. Was bleibt, ist häufig ein Altersunterschied zu den „frisch gebackenen" Abiturienten oder auch die Notwendigkeit, den Beruf parallel zum Studium weiter auszuüben, weil Sie für Ihren Lebensunterhalt allein sorgen müssen. Um dann die Anforderungen eines Studiums zu reduzieren, sollten Sie über ein sogenanntes Teilzeitstudium nachdenken. Bei diesem bräuchten Sie nur die Hälfte der Leistungen pro Semester erbringen und hätten dadurch mehr Zeit, das notwendige Geld zu verdienen.

> ▶ Web-Tipp
> Ausführliche Informationen zum Studieren ohne Abitur finden Sie unter
> http://www.hochschulkompass.de/studium/suche/studieren-ohne-abitur.html

8 Finanzierung

Wenn es um die Finanzierung eines Studiums geht, dann denken viele zuallererst an die Eltern, an das **BAföG** oder selbst für den Unterhalt durch Jobben zu sorgen. So sind die Eltern zunächst ja auch gesetzlich verpflichtet, ihren Kindern eine Berufsausbildung zu finanzieren. Und in der Tat sind diese drei die häufigsten Finanzierungsquellen, doch gibt es auch noch eine Reihe anderer Möglichkeiten, die gerade in letzter Zeit vermehrt auf sich aufmerksam machen. Hierzu gehören etwa die vielen Organisationen, die Stipendien vergeben. Sie versuchen aus der Nische heraus zu kommen, ein Stipendium sei nur etwas für ganz besonders Hochbegabte. Dass es auch ganz andere Kriterien sein können, weshalb man ein Stipendium beantragen kann, soll u.a. in diesem Abschnitt erläutert werden, damit Sie vielleicht eine dieser Finanzierungsmöglichkeiten für sich erschließen können. Am Ende kommt vielleicht auch bei Ihnen wie bei den meisten Studierenden eine Art „Mischfinanzierung“ heraus, wenn sich Ihr monatlicher Unterhalt aus mehreren Quellen speist.

Mit BAföG studieren

Das BAföG ist eine staatliche Ausbildungsförderung, die vom Einkommen der Eltern abhängt. Es besteht zur einen Hälfte aus einem Zuschuss, der nicht zurückgezahlt werden muss. Die andere Hälfte ist ein Darlehen ohne Zinsen und wird später erst mit dem Beginn eigener Einnahmen etappenweise bis maximal 10.000 € zurückgezahlt. Es gibt viele Bedingungen, an die diese Förderung geknüpft, die an dieser Stelle gar nicht alle aufgeführt werden können. So heißt es grob, dass Sie jünger als 30 Jahre sein müssen und noch keine Berufsausbildung absolviert haben, die mit BAföG hätte gefördert werden können. Doch es gibt viele Ausnahmen, weshalb Sie sich unbedingt an das BAföG-Amt im Studentenwerk wenden sollten, welches für Antrag und Bewilligung von BAföG zuständig ist (Ausnahme: Rheinland-Pfalz – dort sind die Hochschulen selbst zuständig). In Bezug auf Ihre Studienwahl kann es wichtig sein, folgende Regelung zu beachten: wenn Sie eine Förderung für Ihr Studium bekommen, aber feststellen, dass Sie etwas anderes studieren wollen – also einen sogenannten Fachrichtungswechsel vorhaben, dann bleibt die Förderung nur bestehen, wenn Sie das während der ersten beiden Semester tun. Darüber brauchen Sie das BAföG-Amt nur zu informieren. Wenn Sie den Wechsel später vollziehen, muss dies spätestens nach dem dritten Fachsemester geschehen und Sie müssen begründen, warum Sie das bisherige Studium beenden wollen. Gründe können sein, dass Sie sich nicht (mehr) geeignet fühlen oder weil sich Ihre Interessen geändert haben. Dieses wird in der Fachsprache des BAföG „Neigungswandel“ genannt. Und auch hier gibt es schon wieder eine Ausnahme, denn ein späterer Wechsel kann doch noch möglich sein. Dies geht aber nur, wenn Sie aus dem ersten Fach erbrachte Studienleistungen anerkannt bekommen, um in das neue Fach gleich in ein höheres Fachsemester einzusteigen. Erkundigen Sie sich daher genau, welche Bedingungen auf Sie zutreffen.

▶ Web-Tipp
Ausführliche Informationen zum BAföG finden Sie unter www.studentenwerke.de

Den Unterhalt selber verdienen

Dies betrifft vor allem diejenigen Studieninteressierten, die bereits eine Ausbildung absolviert haben und meistens auch schon einige Jahre berufstätig waren. Die Überlegung ist dann, im Beruf zeitlich zu reduzieren, um gerade genug für den notwendigen Unterhalt zu verdienen, so dass man in der frei gewordenen Zeit studieren kann. Damit hätten Sie auf der anderen Seite natürlich nicht so viel Zeit für das Studium, wie die Universitäten mit den Vorgaben einer Regelstudienzeit angenommen haben. Um die Doppelbelastung auf praktizierbare Beine zu stellen, kann es hilfreich sein, ein sogenanntes Teilzeitstudium zu beantragen. Wie der Name es ausdrückt, studieren Sie dann eben nur einen gewissen Teil und brauchen pro Semester auch nur die Hälfte der Leistungsanforderungen zu erfüllen. Schließlich sind Sie in der übrigen Zeit ja mit Ihrer Berufstätigkeit verplant.

Mit einem Stipendium studieren

Unabhängig von den Schulnoten kann man ein Stipendium beantragen, für das man andere, spezielle Bedingungen als eben gute Noten erfüllen muss. Dies kann beispielsweise ein Engagement in einem bestimmten Fachgebiet sein, ein Herkunftsort oder etwa ein Migrationshintergrund. Relativ neu ist die Förderung für Studierende, die aus einem Elternhaus ohne akademischen Hintergrund kommen. Bereitgestellt werden solche Förderungen durch gemeinnützige Stiftungen, Firmen, Gewerkschaften, Kirchen und Parteien – durchschnittlich erhalten Stipendiaten bis zu 300 € monatlich, die man nicht zurückzahlen muss. Im Gegenzug können Sie verpflichtet sein, viertel- oder halbjährlich über das Erreichen der Studienziele zu informieren oder die Entwicklung Ihres Studienverlaufs zu dokumentieren.

▶ Web-Tipp

Ausführliche Informationen zu Stipendien finden Sie unter
www.myStipendium.de
www.stipenienlotse.de
www.elternkompass.info

Mit einer Begabtenförderung studieren

Bei dieser Förderung ist die Idee, jemanden mit guten Schulnoten und einem gesellschaftlichen, ehrenamtlichen Engagement finanziell zu unterstützen, damit man neben dem Studium weiterhin Zeit für sein Engagement findet. Es gibt zwölf große, vom Bund finanziell unterstützte Begabtenförderungswerke mit unterschiedlichen Kriterien für eine Förderung. Hierzu gehören beispielsweise parteinahe, politisch orientierte Stiftungen oder die sehr bekannte **Studienstiftung des Deutschen Volkes**. Das Engagement muss dann natürlich zur jeweiligen inhaltlichen Ausrichtung der Stiftung passen.

▶ Web-Tipp

Ausführliche Informationen finden Sie im Portal der Arbeitsgemeinschaft der Begabtenförderungswerke der BRD unter
www.stipendiumplus.de

Mit einem Deutschlandstipendium studieren

Dies ist ein Stipendium in Höhe von monatlich 300 €, welches vom Bund und von privaten Geldgebern erst seit 2011 ermöglicht wird. Es ist im klassischen Sinn für begabte und leistungsstarke Studierende gedacht, die sich direkt an ihrer Hochschule dafür bewerben können.

▶ Web-Tipp

Ausführliche Informationen zum Deutschlandstipendium finden Sie unter www.deutschland-stipendium.de

Mit einem Auslandsstipendium studieren

Der **Deutsche Akademische Auslandsdienst (DAAD)** hält eine Datenbank vor, in der Sie sich informieren können, wenn Sie einen Studienaufenthalt im Ausland planen. Dies ist deshalb hilfreich, weil der Aufenthalt häufig mit höheren Kosten verbunden ist, als wenn Sie dieselbe Zeit an Ihrem Hochschulort in Deutschland verbringen.

> ▶ Web-Tipp
> Ausführliche Informationen zum Auslandsstudium finden Sie unter
> www.daad.de/portrait/service/stipendien/08961.de.html

Mit einer Kunst- und Kulturförderung studieren

Das **Deutsche Informationszentrum Kulturförderung (DIZK)** informiert in seinem Portal über die Möglichkeiten der Förderung im Zusammenhang mit Kunst und Kultur.

> ▶ Web-Tipp
> Ausführliche Informationen zur Kunst- und Kulturförderung finden Sie unter www.kulturfoerderung.org

Mit einem Bildungskredit studieren

Einen zinsgünstigen Kredit in Höhe von maximal 7.200 € gewährt der Bund, wenn man jünger als 36 Jahre ist und sich bereits im dritten Semester eines Studiums befindet. Die Summe verteilt sich dann auf höchstens 24 Monate mit je maximal 300 €.

> ▶ Web-Tipp
> Ausführliche Informationen zum Bildungskredit finden Sie unter www.bildungskredit.de

Sonstige Studienkredite

Zu anderen Studienkrediten, die immer mit deutlich höheren Schuldzinsen verbunden sind, lassen Sie sich unbedingt bei Ihrem zuständigen Studentenwerk beraten. Hierzu gehört auch ein Studienabschlusskredit, mit dem die Abschlussphase des Studiums finanziert werden kann, damit mehr Zeit für das eigentliche Examen bleibt. Und in den Bundesländern, in denen Studiengebühren anfallen, bieten diese über ihre jeweiligen Landesbanken eigene Kredite an.

> ▶ Web-Tipp
> Ausführliche Informationen zu Studienkrediten finden Sie unter www.studentenwerke.de

Studieren unter besonderen Bedingungen

Grundsätzlich besteht an den Hochschulen die Haltung, dass bei Studierenden mit einer chronischen Krankheit oder Behinderung, sowie bei studierenden Eltern auf deren besonderen Bedarf eingegangen werden soll. Sie finden daher häufig spezielle Ansprechpartner innerhalb der Hochschulverwaltung und/oder der Studierendenvertretung. In Hinblick auf finanzielle Unterstützung oder die Bereitstellung spezieller Arbeitsmittel sind außerdem die Studentenwerke kompetente Ansprechpartner.

> ▶ Web-Tipp
> Ausführliche Informationen zum Studieren unter besonderen Bedingungen finden Sie unter www.studentenwerke.de

Glossar

Wenn Ihnen beim Lesen des Buches oder während Ihrer Recherchen zu einem möglichen Studiengang Begriffe begegnen, die Sie nicht kennen, können Sie diese hier kurz nachschlagen. Denn es gibt schon eine eigene Hochschulsprache, deren Wörter in unserem allgemeinen Sprachgebrauch sonst so nicht gebraucht werden. Deshalb ist es nichts Ungewöhnliches, wenn Sie die Bedeutung der Begriffe bisher nicht kennen.

Akademisches Auslandsamt (AAA)

Hiermit wird die zentrale Anlaufstelle für alle internationalen Studierenden bezeichnet. Das AAA koordiniert die internationalen Aktivitäten einer Hochschule und unterstützt die Studierenden etwa beim Neueinstieg an einer für sie fremden Hochschule.

Akademisches Viertel

Weil Veranstaltungen nicht unmittelbar nacheinander stattfinden können, da Sie und die Lehrenden ja noch einen Weg zwischen den Veranstaltungsorten zurückzulegen haben und auch eine Pause benötigen, hören diese eine Viertelstunde vorher auf und eine nächste Veranstaltung beginnt erst eine Viertelstunde später. Dies ist eher üblich und es muss daher nicht mehr zusätzlich durch die Abkürzung „c.t." (lat.: „mit Zeit") darauf hingewiesen werden. Statt wie angekündigt „10–12 Uhr" beginnt die Veranstaltung tatsächlich also um 10.15 Uhr und endet um 11.45 Uhr. Soll die Veranstaltung dagegen doch genau wie angegeben stattfinden, wird dieses durch den Zusatz „s.t." (lat.: „ohne Zeit") mitgeteilt. „10–12 s.t" ist dann also wirklich eine 120-minütige Veranstaltung.

Akkreditierung

Bevor ein Bachelor- oder Master-Studiengang studiert werden kann, muss geprüft werden, ob die neue Studien- und Prüfungsordnung einem Standard entspricht und sich damit die Abschlüsse der verschiedenen Universitäten wirklich vergleichen lassen. Die Prüfung geschieht durch unabhängige Akkreditierungsagenturen.

Alma Mater

Lat.: die nährende Mutter. Dieser Name wird allgemein für eine Universität benutzt und soll im übertragenen Sinn bedeuten, dass man mit Bildung und Wissen genährt wird.

AStA

Das jährlich vom Studierendenparlament gewählte Gremium „Allgemeiner Studierendenausschuss" ist die Vertretung aller Studierenden einer Hochschule. Einzelne Referate nehmen sich wichtiger Themen an (z.B. Studieren mit Kind, Finanzierung und Unterhalt) und bieten in diesem Zusammenhang ihren Studierenden auch Beratung und Unterstützung an.

Audimax

Dies ist der größte Hörsaal, den die Hochschule besitzt. Meistens finden hier übergreifende Veranstaltungen statt, an denen möglichst alle Studierenden teilnehmen können.

Auslandssemester

Die Hochschulen bieten Unterstützung für die Durchführung eines Auslandsaufenthaltes, der in vielen Studiengängen verpflichtend vorgesehen sein kann. Neben den Direktaustauschprogrammen mit Partnerhochschulen unterstützt das bekannteste europaweite Aktionsprogramm „Erasmus" die grenzüberschreitende Zusammenarbeit.

Bachelor

Bachelor und Master sind Teile einer relativ neu eingeführten Struktur, die einen internationalen Vergleich möglich machen soll. Dabei ist der Bachelor der erste, nach sechs Semestern Regelstudienzeit erreichbare Abschluss. Mit diesem kann man in vielen Fällen bereits berufstätig werden, oder ein Master-Studium anschließen, für das man sich erneut bewerben muss. Ein Master-Abschluss wiederum ermöglicht eine Promotion.

BAföG

Das mit dieser Abkürzung gemeinte Bundesausbildungsförderungsgesetz regelt die finanzielle Förderung von Schülern und Studierenden im Zusammenhang mit deren Ausbildung. Die Berechtigung muss geprüft werden. Dazu wird in den meisten Fällen das Einkommen der Eltern zugrunde gelegt. Das Deutsche Studentenwerk hat dafür in allen Städten mit einer Hochschule ein BAföG-Amt eingerichtet. Damit das Geld rechtzeitig zum Beginn des Studiums zur Verfügung steht, sollte der erste Antrag möglichst schon 2-3 Monate vor Studienbeginn gestellt werden.

Berufsfeldbezogene Zusatzqualifikation (BZQ)

Ein wichtiges Element des Bachelor-Studiums ist die verpflichtende Teilnahme an Veranstaltungen, welche die Berufsfähigkeit der Studierenden fördern sollen. Hier können sogenannte Schlüsselqualifikationen (z.B. Kommunikations- oder Konfliktfähigkeit) oder fachübergreifendes Anwendungswissen ohne Benotung erworben werden.

Beurlaubung

Wenn Sie aus wichtigen Gründen Ihr Studium unterbrechen müssen, können Sie auf Antrag vom Studium beurlaubt werden. Solche Gründe sind beispielsweise Krankheit, Schwangerschaft, Geld verdienen oder ein Auslandssemester. Sie müssen während eines Urlaubssemesters keine Studienleistungen erbringen und es zählen nur die Hochschulsemester weiter, nicht aber die Fachsemester.

Beachten Sie, dass eine Beurlaubung Konsequenzen für eine BAföG-Förderung oder die Übernahme von „Studentenjobs“ haben kann.

Bewerbung

Ein Studium können Sie nicht einfach so beginnen, denn zunächst brauchen Sie eine Hochschulzugangsberechtigung – beispielsweise ein Abitur – und müssen sich damit an der in Frage kommenden Hochschule für ein ausgewähltes Fach bewerben. Die Hochschule führt nach dem Bewerbungsschluss (unbedingt die Fristen beachten!) ein Auswahlverfahren durch. Dabei wird eine Rangreihenfolge aller Bewerber festgelegt. Wenn Sie innerhalb der dabei entstandenen Grenze liegen, bietet man Ihnen einen Studienplatz an, in dem Sie einen schriftlichen Zulassungsbescheid bekommen. Bis zu einer darin angegebenen Frist müssen Sie entscheiden, ob Sie den Studienplatz annehmen wollen – dies tun Sie durch die Immatrikulation (siehe „Immatrikulation“).

Bibliothek („Bib“)

Häufig gibt es eine Zentralbibliothek und Teilbibliotheken für jedes Fach. In der Zentralbibliothek können Sie Bücher ausleihen oder wichtige Standardwerke auch direkt benutzen. Dafür gibt es ruhige Arbeitsplätze. In den Teilbibliotheken finden Sie die speziellere und umfangreichere Literatur für Ihr Fach. In einem Handapparat stellen Dozenten Literatur für ihre aktuelle Lehrveranstaltung bereit.

Blockseminar / Blockveranstaltung

In der Regel finden Veranstaltungen wöchentlich statt. Bei einem Blockseminar konzentriert sich die Veranstaltung auf mehrere, aufeinanderfolgende Tage oder Wochen. Diese Form wird häufig in der vorlesungsfreien Zeit gewählt, um ein Thema konzentriert zu bearbeiten.

Brückenkurs

Wichtige Grundlagen, die nicht immer alle schon aus der Schulzeit mitbringen, werden in Brückenkursen vermittelt, damit alle das Studium mit möglichst gleichem Wissensstand beginnen können. Damit fällt der Übergang von der Schule in das Studium leichter (siehe auch „Propädeutikum“).

c.t.

siehe „Akademisches Viertel“

Cafeteria

siehe „Mensa“

Campus

Als Campus wird das gesamte Gelände einer Hochschule bezeichnet und passt für jene Hochschulen, deren Einrichtungen sich tatsächlich alle an einem Ort mit kleinen Seitenstraßen und Fußwegen befinden. Größere Universitäten mit verteilten Standorten geben diesen dann zusätzliche Namen, etwa „Campus Nord“ oder „Campus Stadtmitte“.

Credits

siehe „ECTS“

Cum Laude

Lateinisch für „Mit Auszeichnung“. Wird vor allem bei Doktorarbeiten (Promotionen) als Bewertung vergeben.

Dekan/in

Die Gesamtleitung einer Fakultät übernimmt ein Dekan und vertritt in seiner Funktion die Fakultät innerhalb und außerhalb der Hochschule.

Dies academicus

Dies ist ein Tag ohne Lehrveranstaltungen zu Beginn eines akademischen Jahres mit speziellen Veranstaltungen, auf denen beispielsweise die neuen Studierenden begrüßt, Preise vergeben oder Würdigungen feierlich ausgesprochen werden.

Doppelstudium

Wenn Sie zwei Studiengänge parallel studieren, um auch beide Abschlüsse zu erreichen, spricht man vom Doppelstudium. Bitte verwechseln Sie es nicht mit dem Begriff „Zweitstudium“.

Drittmittel

Eingeworbene, finanzielle Zuschüsse von privaten Geldgebern oder aus der Wirtschaft, durch die ein Großteil der Forschungsprojekte überhaupt erst realisiert werden kann.

ECTS

Das „European Credit Transfer System“ ist ein europaweit einheitliches Bewertungssystem für den Arbeitsaufwand einer einzelnen Lehreinheit. Für jedes Modul wird vorher festgelegt, wie hoch der Arbeitsaufwand aufgrund von Vor- und Nachbereitung, Teilnahme an der Veranstaltung und ggf. praktischen Übungen ist. Ein ECTS-Punkt („Credit“) steht für 25–30 Stunden Arbeitsaufwand - entsprechend viele „Credits“ bekommt man nach erfolgreicher Teilnahme gutgeschrieben. Entnehmen Sie der Prüfungsordnung, wie viele Credits Sie während des Bachelor-Studiums bzw. Master-Studiums erwerben müssen, um daraus den Aufwand für ein einzelnes Semester abzuleiten. ECTS-Punkte sind aber keine Noten.

Einschreibung

Siehe „Immatrikulation“

Erasmus

Dieses staatlich geförderte Programm ermöglicht es Studierenden durch ein Teilstipendium, ein bis zwei Semester an einer Hochschule im Ausland zu studieren.

Exmatrikulation

Dies ist die Beendigung der Zugehörigkeit zur Hochschule quasi wie eine Abmeldung. Sie erfolgt regulär mit Abschluss des Studiums oder auf Wunsch des Studierenden auch bei einem Studienabbruch. Von Seiten der Hochschule kann sie als Zwangsexmatrikulation geschehen, wenn beispielsweise bei der Rückmeldung die Semesterbeiträge nicht gezahlt werden oder wenn die notwendigen Prüfungsleistungen endgültig nicht erreicht wurden.

Fachschaft

Als Fachschaft bezeichnet man alle Studierenden eines Studiengangs. Daraus schließen sich im Fachschaftsrat engagierte Studierende zusammen, um Einfluss auf die Arbeit an ihrem Institut zu nehmen. Die Fachschaft kümmert sich aber gerade auch mit Veranstaltungen um ihre Studienanfänger, um diesen den Einstieg in das neue Studium zu erleichtern.

Fachsemester

Im Unterschied zu den insgesamt absolvierten Hochschulsemestern werden hier nur die in der Fachrichtung erfolgreich abgeschlossenen Semester gezählt. So kann jemand beispielsweise bereits seit 5 Semestern studieren, aber sich erst im 3 Fachsemester befinden. Siehe auch „Hochschulsemester".

Fachwechsel

Von einem Fachwechsel spricht man, wenn Sie Ihren Studiengang oder auch nur das Kern-, Zweit- oder Beifach wechseln wollen. Dafür müssen Sie sich auch bewerben, d.h. Sie können nicht nach Belieben wechseln. Wenn bisherige Studienleistungen angerechnet werden können, ist es möglich, in ein höheres Fachsemester einzusteigen.

Fakultät

Der gesamte Bereich von Lehre und Forschung einer Hochschule wird in Fakultäten unterteilt, zu denen einzelne Institute gehören. Mit einander verwandte Fachgebiete sind darin zusammengefasst. Jede Fakultät wird von einem eigenen Dekan geleitet.

Freischuss / Freiversuch

Dies ist ein Prüfungsversuch, der nur als solcher gezählt wird, wenn er bestanden wurde. Wenn diese Variante erlaubt ist, nutzen es viele als Versuch, ohne den wirklichen Prüfungsdruck zu haben. Häufig erzeugt er dennoch im Nachhinein ein schlechtes Selbstwertgefühl, weil man letztendlich ja doch quasi durchgefallen ist.

Hochschul-Ranking

Zu diesem Stichwort finden Sie eine ausführliche Beschreibung in Teil 2 unter 4.2.

Hochschulsport

Zu sehr günstigen Gebühren bieten Universitäten ein eigenes Sportprogramm an, durch das Sie neue Sportarten kennen lernen oder Bekanntes vertiefend trainieren können.

Hochschulkompass

Alle angebotenen Studiengänge sämtlicher Hochschulen Deutschlands finden Sie im Internetportal „Hochschulkompass“. Dieses wird von der Hochschulrektorenkonferenz (HRK) bereitgestellt und jedes Semester aktualisiert. Die HRK ist die offizielle Vertretung aller deutschen Hochschulen.

Hochschulsemester

Die gesamte Anzahl von Semestern, die Sie an einer Hochschule eingeschrieben sind, wird als Hochschulsemester gezählt. Dabei spielt es keine Rolle, ob Sie die Hochschule oder das Fach wechseln. Siehe auch „Fachsemester".

HRK

siehe „Hochschulkompass"

Immatrikulation

Wenn Sie einen Studienplatz annehmen und sich dafür an der Hochschule „einschreiben", um das Studium zu beginnen, dann sind Sie als Student/in der Hochschule immatrikuliert. Durch eine „Rückmeldung" zu jedem neuen Semester behalten Sie diesen Status bei, denn Sie melden sich damit aus der vorlesungsfreien Zeit zurück und bezahlen die Gebühren für das bevorstehende Semester. Wenn Sie ein Studium beendet haben oder abbrechen wollen, beantragen Sie die Exmatrikulation (siehe auch „Exmatrikulation").

Institut

Mehrere Lehrstühle einer Fachrichtung schließen sich als Verwaltungseinheit zu einem Institut zusammen und werden durch einen Institutsleiter vertreten. Mehrere Institute wiederum bilden einen Fakultät (siehe auch „Fakultät").

Internationaler Studentenausweis

Um weltweit Preisnachlässe bei Flügen und anderen Verkehrsmitteln, Hotels, Museen, Kinos oder auch Restaurants zu bekommen, können Sie sich als eingeschriebener Student die „International Student Identity Card (ISIC)" ausstellen lassen.

Klausur

Klausur bezeichnet eine schriftliche Prüfung, mit der beispielsweise die Teilnahme an einer Vorlesung erfolgreich abgeschlossen wird.

Sie ist notwendig für das Bestehen des Moduls, zu der die Vorlesung als Teilleistung gehört.

Kolloquium

Spezielle wissenschaftliche Themen werden in einem Kolloquium behandelt. Diese Lehrveranstaltung ist eher eine Gesprächsrunde, etwa zur Darstellung geplanter Untersuchungen, zur Examensvorbereitung, bei einem Promotionsvorhaben oder zur Einbindung von Gastvorträgen.

Kommentiertes Vorlesungsverzeichnis (KVV)

Das KVV ist ein ausführlicherer Auszug aus dem großen Vorlesungsverzeichnis der gesamten Hochschule und enthält die Veranstaltungen des aktuellen Semesters eines Instituts oder einer Fakultät. Sie erfahren durch eine Beschreibung der Veranstaltung genau, was sich hinter dem Titel verbirgt. Außerdem nennt das KVV Zeit, Ort, Art der Veranstaltung und Name des Dozenten. Das Vorlesungsverzeichnis der Hochschule enthält dagegen alle Veranstaltungen entsprechend kürzer dargestellt. Für die Auswahl Ihrer Veranstaltungen und die Erstellung eines Stundenplans brauchen Sie also immer zu Semesterbeginn das neue KVV und finden es auf der Homepage des Instituts, inzwischen selten in gedruckter Form.

Kommilitonen

Bezeichnet die anderen Studierenden aus Ihrer Sicht.

Lehrstuhl

Der Lehrstuhl, bestehend aus einem oder mehreren Professoren verwandter Fachgebiete, einem Sekretariat und wissenschaftlichen Mitarbeitern, ist die unterste Verwaltungsebene der Hochschule.

Losverfahren

Gibt es nach Durchführung des normalen Vergabeverfahrens noch freie Studienplätze, beispielsweise weil diese von den Bewerbern doch nicht angenommen wurden, dann werden diese durch eine

Verlosung vergeben. Dazu muss man sich gesondert angemeldet haben und wird nur dann benachrichtigt, wenn man kurzfristig auf diese Art doch noch einen Studienplatz bekommen hat. In der Regel hat das erste Semester dann bereits begonnen und man stößt etwas verspätet noch dazu.

Magna cum laude

Lat.: „mit großem Lob". Wird vor allem bei Doktorarbeiten (Promotionen) als Bewertung vergeben.

Matrikelnummer

Mit der Immatrikulation an der Hochschule erhalten Sie eine Identifikationsnummer, die für Sie das gesamte Studium gültig bleibt. Sie steht auf allen Bescheinigungen oder wird für die Prüfungsanmeldung benötigt.

Master

siehe „Bachelor"

Mensa

Dies ist eine vom Studentenwerk bereit gestellte Kantine, in der Sie aufgrund von Zuschüssen relativ günstig und dennoch gut essen können. Daneben gibt es häufig auch noch die Cafeteria, die nicht nur zur Mittagszeit geöffnet hat. Hier bekommen Sie Snacks und heiße oder kalte Getränke.

Medizinertest (TMS)

Der „Test für medizinische Studiengänge" prüft das Verständnis für naturwissenschaftliche und medizinische Problemstellungen und ist damit ein spezifischer Studierfähigkeitstest. Im Rahmen der Studienplatzvergabe kann er als Auswahlkriterium berücksichtigt werden und die Chancen auf einen Studienplatz verbessern. Er wird an verschiedenen Orten angeboten, findet jedoch nur einmal jährlich statt – Anmeldeschluss ist der 15. Januar. Alle Informationen dazu finden Sie unter www.tms-info.org

Modul

Mehrere thematisch aufeinander abgestimmte Lehrveranstaltungen bilden ein Modul. Sie können aus den unterschiedlichsten Veranstaltungsformen bestehen und haben ein gemeinsames Lernziel. Einzelne Elemente des Moduls können durch Modulteilprüfungen, das gesamte Modul durch die Modulprüfung geprüft werden. Module sind die einzelnen Bausteine, um einen Bachelor- oder Master-Abschluss zu erreichen. Daher spricht man auch davon, dass die Studiengänge im Zusammenhang mit der Umstellung auf Bachelor und Master „modularisiert" wurden.

N.N.

Diese Abkürzung wird im Vorlesungsverzeichnis oder bei Veranstaltungen immer dann verwendet, wenn die durchführende Person zum aktuellen Zeitpunkt noch nicht feststeht. Die Abkürzung steht für die lateinischen Begriffe „nomen nominandum" („Name ist zu nennen") oder „nomen nescio" („Name ist nicht bekannt").

Nachrückverfahren

Wenn verteilte Studienplätze von den Bewerbern doch nicht angenommen und damit wieder frei werden, wird ein Nachrückverfahren durchgeführt, bei der die in der Rangfolge als nächstes stehenden, form- und fristgerechten Bewerbungen berücksichtigt werden. Es werden immer nur die neu zugelassenen Bewerber benachrichtigt.

Numerus clausus – der N.C.

Dieser Begriff wird im Zusammenhang mit ein beschränkten Anzahl an zur Verfügung stehenden Studienplätzen verwendet und drückt zunächst nur aus, dass nicht alle Bewerber einen Studienplatz bekommen konnten. Im Zusammenhang mit dem Abitur-Schnitt wird fälschlicherweise häufig gefragt, welcher N.C., also welche Abitur-Durchschnittsnote notwendig sei, um einen Studienplatz zu bekommen. Tatsächlich gibt der Wert aber nur wieder, welche Note und wie viele Wartesemester der letzte zugelassene Bewerber in dem bereits abgeschlossenen Verfahren hatte. Je nach

Zusammensetzung aller Bewerber kann es theoretisch im kommenden Bewerbungsverfahren ganz anders sein, aber natürlich ist der aktuelle N.C. durchaus ein grober Richtwert, um die zukünftigen eigenen Chancen auf einen Studienplatz in etwa zu ermitteln. Die meisten Werte der letzten Bewerbungsrunde finden Sie unter http://studienwahl-edublogs.org/numerus-clausus/

Präsident/in der Hochschule

Die Leitung der gesamten Hochschule obliegt dem Präsidenten, der mit Hilfe von Vizepräsidenten und/oder einem Kanzler die Profilierung der Hochschule in Lehre und Forschung unterstützt und die Hochschule nach außen repräsentiert.

Privatdozent/in

Privatdozenten sind habilitiert, haben aber noch keine Professorenstelle erhalten. Mit diesem akademischen Titel sind sie bereits in der Lehre tätig.

Professor

Diesen auf Lebenszeit vergebenen akademischen Titel erhalten wissenschaftlich tätige Personen, die promoviert und dann habilitiert haben. Ein Professor übernimmt einen Lehrstuhl oder ist Teil davon, um gezielt zu ausgewählten Themen zu forschen. In der Lehre ist der Professor an der Ausbildung der Studierenden beteiligt.

Promotion

Durch eine umfangreiche, mehrjährige wissenschaftliche Arbeit, die Promotion genannt wird, erreicht man den akademischen Grad „Doktor".

Projekttutorium

Neben dem regulären Angebot des Instituts können Studierende eigene Veranstaltungen organisieren. Diese decken Themen ab, die das offizielle, für die Studien- und Prüfungsordnung notwendige Angebot nicht enthält.

Propädeutikum

Dies sind Einführungsveranstaltungen, in denen erste Grundkenntnisse vermittelt werden. Der Begriff wird auch für Kenntnisse verwendet, die zu Beginn des Studiums vorhanden sein und deshalb durch eine Prüfung nachgewiesen werden müssen, z.B. Sprachkenntnisse.

Prüfungsamt

Hier werden die Prüfungsleistungen der einzelnen Studierenden zusammen geführt und verwaltet. Und entsprechend können hier auch das Bachelor- oder Master-Zeugnis beantragt werden.

Prüfungsordnung

In dieser Ordnung ist für jeden einzelnen Studiengang geregelt, welche Leistungen in welcher Form für das Erreichen eines Bachelor- oder Master-Abschluss erbracht werden müssen. Auch wenn der Begriff „Ordnung“ abschreckend klingen mag, ist die Lektüre wichtig, damit Sie die notwendigen Leistungen kennen und zielgerichtet studieren können. Siehe auch „Studienordnung“.

Rechenzentrum

Das Rechenzentrum erstellt das hausinterne Netzwerk, vergibt für alle Studierenden und Mitarbeiter einen persönlichen Account und stellt PC-Pools und ein Angebot an Computer-Kursen zu Verfügung.

Regelstudienzeit

Die Prüfungsordnung eines jeden Studiengangs legt darin auch die Anzahl von Semestern fest, in der dieser Studiengang mit normalem Engagement studiert werden kann. Für einen Bachelor sind dies meistens sechs Semester. Man kann aber auch länger studieren, vor allem, wenn persönliche Umstände dies erfordern. Beachten Sie dann aber, dass bei einem längeren Studium dies Auswirkungen auf BAföG oder Studiengebühren haben kann, oder die Universität Sie zu einem erklärenden Gespräch bittet.

Ringvorlesung

Eine Vortragsreihe zu einem übergeordneten Thema mit verschiedenen Referenten unabhängig vom üblichen Lehrplan wird Ringvorlesung genannt.

Rückmeldung

siehe „Immatrikulation“

s.t.

siehe „Akademisches Viertel“

Schein

Ein Schein ist der Nachweis für ein bestandenes Modul. Früher wurden sie in Papierform mit Unterschrift des Dozenten ausgegeben. Jetzt sind sie in digitalisierter Form beim Prüfungsamt einsehbar, weil dieses alle Leistungen und Prüfungsergebnisse verwaltet.

Semester

Das akademische Jahr, welches von Oktober bis September des Folgejahres dauert, unterteilt sich in ein Wintersemester und ein Sommersemester. Jedes Semester besteht aus der Vorlesungszeit, in der die meisten Veranstaltungen stattfinden, und der daran anschließenden vorlesungsfreien Zeit (siehe auch „Vorlesungsfreie Zeit“, „Fachsemester“, „Studiensemester“).

Semesterferien

siehe „Vorlesungsfreie Zeit“

Semesterticket

An den meisten Hochschulstandorten gibt es eine Vereinbarung mit dem öffentlichen Nahverkehr, dass jeder Studierende automatisch mit der Rückmeldung für ein Semester einen das gesamte Semester gültigen Fahrausweis bezahlt.

Semesterwochenstunde (SWS)

Die SWS gibt an, wie viele Einheiten à 45 Minuten eine Veranstaltung jede Woche über das ganze Semester hinweg dauert. 2 SWS steht also für 90 Minuten pro Woche.

Seminar

Ein Seminar ist eine kleinere Lehrveranstaltung, in der eine aktive Teilnahme durch Diskussionsbeiträge oder Referate erwartet wird. Es unterscheidet sich damit von der Vorlesung, in der ein Dozent allein die Vorträge hält und lediglich Verständnisfragen erlaubt sind.

Sprachenzentrum

Im Sprachenzentrum werden die von einer Hochschule angebotenen Sprachen durch Sprachkurse vermittelt. Es kann auch von allen anderen Studierenden genutzt werden, die keinen Studiengang im Zusammenhang mit einer Sprache studieren.

Stipendium

Dazu finden Sie in diesem Teil unter *Punkt 8 Finanzierung* ausführliche Hinweise.

Studentenwerk

Die Grundidee des Studentenwerks ist es, dass soziale Leben der Studierenden zu unterstützen. Umgesetzt wird diese Idee durch das Bereitstellen zahlreicher hilfreicher, professioneller Angebote. Das Studentenwerk betreibt etwa die Mensa und Cafeteria, die Studentenwohnheime, das BAföG-Amt, aber auch Beratungsstellen, in denen Sie Unterstützung bei sozialen oder psychologischen Problemstellungen bekommen können. Letztere sind immer kostenlos, Mensa, Kindertagesstätte und Studentenwohnheim günstiger durch öffentliche Finanzförderung. Haben Sie keine Scheu, die kostenlosen Angebote zu nutzen, denn Sie zahlen jedes Semester einen Studentenwerksbeitrag, durch den diese Angebote erst ermöglicht werden.

Studentenwohnheim

In Bezug auf die Wohnungssuche in einer unbekannten Stadt sind die vom Studentenwerk angebotenen Wohneinheiten in größeren Häusern oder Wohnanlagen in Hochschulnähe ein kostengünstiger Einstieg.

Studienbeiträge

Die Bundesländer regeln es sehr unterschiedlich, ob ihre Hochschulen Studienbeiträge in einer Größenordnung von ca. 500,- pro Semester erheben dürfen. Diese sollten dafür genutzt werden, die Situation der Lehre zu verbessern, also den Studierenden unmittelbar wieder zu Gute kommen. Informieren Sie sich, wie sich die aktuelle Situation gestaltet.

Studienberatung / Zentrale Studienberatung / Allgemeine Studienberatung

An jeder Hochschule ist die Studienberatungsstelle eine Anlaufstelle vor allem für Studieninteressierte, weil man Antworten auf allgemeine Fragen zur Bewerbung, zum Studium oder zu den einzelnen Studiengängen bekommt.

Studienfachberatung

Die Studienfachberatung wird in jedem Studiengang von einem der Lehrenden vor allem für die Studierenden angeboten. Spezielle Fragen zum Fach, zum Ablauf des Studiums oder hinsichtlich möglicher Spezialisierungen können gestellt werden. Doch auch für Studieninteressierte ist die Studienfachberatung eine wichtige Anlaufstelle, etwa um sich über die besondere inhaltliche Schwerpunktsetzung des Faches an dieser Hochschule zu informieren.

Studiengang

Alltagssprachlich würde man sagen, dass man ein bestimmtes Fach studiert. Tatsächlich handelt es sich immer um einen Studiengang, der nämlich aus mehreren Fächern bestehen kann. Alle Studiengänge werden durch eine eigene Studienordnung und eine Prüfungsordnung geregelt.

Studiengangsbeschreibung

Um eine genauere Vorstellung von einem Studiengang zu bekommen, können Sie einerseits die entsprechende Studien- und Prüfungsordnung lesen. Häufig bietet die Studienberatungsstelle aber auch kurze Zusammenfassungen in Form von Studiengangsbeschreibungen, in denen Sie auch weiterführende Adressen finden.

Studiengebühren

siehe „Studienbeiträge"

Studienordnung

Die Studienordnung legt fest, wie ein ordnungsgemäßes Studium auszusehen hat und beschreibt Rahmenbedingungen, Inhalte und Regelungen. Die Studienordnung brauchen Sie, um einen konkreten Stundenplan für jedes Semester zu erstellen. Dazu gehört als Material auch noch die „Prüfungsordnung" (siehe „Prüfungsordnung")

Studienplatztausch

Der Studienplatztausch ist eine Möglichkeit, den Hochschulort zu wechseln, wenn über eine normale Bewerbung, etwa bei den zulassungsbeschränkten Studiengängen, kaum mit einem Studienplatz gerechnet werden kann. Beide Tauschpartner müssen im selben Studiengang eingeschrieben sein und sich im selben Hochschulsemester, bei gleichen Studien- und Prüfungsleistungen, befinden. Einem Antrag müssen die Hochschulen dann noch zustimmen.

Studierendenvertretung

siehe „Fachschaft" und „AStA"

Studium Generale

Im Studium Generale stellt eine Hochschule Lehrveranstaltungen von allgemeinem oder fachübergreifendem Interesse zusammen. Studierende können damit Interessen abdecken, die nicht unmittelbar im Studienfach vorkommen oder mit den anderen Disziplinen das eigene Allgemeinwissen erweitern.

Stundenplan

Mit Hilfe der Studien- und Prüfungsordnung, sowie dem Kommentierten Vorlesungsverzeichnis (KVV) müssen Sie sich zu Beginn jedes Semesters selbst einen aktuellen Stundenplan zusammenstellen. Nur selten geben die Fächer Ihnen die komplette Planung vor, doch kann es Empfehlungen durch das Fach oder Hilfestellung durch die Fachschaft geben.

Teilzeitstudium

Wenn es Umstände gibt, die es verhindern, dass man das volle Studienpensum erfüllen kann (u.a. eine Berufstätigkeit, eine Behinderung oder chronische Krankheit, die Betreuung eigener Kinder), dann gibt es die Möglichkeit, mit einem Antrag das Pensum aufzuteilen, was natürlich entsprechend zu einer längeren Studiendauer führt. In der Studienordnung des Faches muss diese Form ausdrücklich erwähnt sein. Hilfreich ist der vorherige Besuch der Studienfachberatung, um dort den geplanten Studienverlauf zu klären.

Tutor

Ein Tutor ist eine bezahlte studentische Hilfskraft, der Kurse („Tutorium") anbietet, in denen Vorlesungsstoff erklärt, nachbereitet oder geübt werden kann.

uni-assist

Internationale Studieninteressierte und Staatenlose bewerben sich direkt bei uni-assist, da es notwendig ist, die ausländischen Zeugnisse daraufhin zu prüfen, ob sie für eine Bewerbung ausreichen, also eine Hochschulzugangsberechtigung darstellen. Denn bei manchen Ländern kann es tatsächlich erforderlich sein, eine zusätzliche Hochschulaufnahmeprüfung abzulegen oder sogar ein Studienabschluss zu besitzen. Die Hochschulen lassen durch uni-assist die Unterlagen prüfen. Klären Sie unbedingt vorher an Ihrer gewünschten Hochschule, ob für Ihren Studiengang die Einreichungen der Unterlagen bei uni-assist, oder doch direkt bei der Hochschule erfolgen soll.

Urlaubssemester

siehe „Beurlaubung"

Vorlesung

siehe „Seminar"

Vorlesungsfreie Zeit

Ein Semester wird unterteilt in die in den ersten Monaten stattfindenden Veranstaltungen und in die daran anschließende vorlesungsfreie Zeit. Diese wird umgangssprachlich auch als „Semesterferien" bezeichnet, doch handelt es sich vielmehr um eine selbst zu organisierende Zeit, in der häufig Praktika, Prüfungen, Blockseminare oder das Schreiben von Hausarbeiten unterzubringen sind.

Vorlesungsverzeichnis

siehe „Kommentiertes Vorlesungsverzeichnis (KVV)"

Wartesemester

Sie beginnen automatisch mit dem erreichten Abitur und werden in Halbjahren (Semestern) gezählt. Eine solche Wartezeit kann Ihre Chancen auf einen Studienplatz verbessern, denn bei einer identischen Abschlussnote im Abitur würde der Studienplatzbewerber mit der höheren Zahl an Wartesemestern den Studienplatz bekommen. Alle Zeiten, zu denen Sie an einer deutschen Hochschule immatrikuliert waren, dürfen allerdings nicht mitgezählt werden.

Zweitstudium

Haben Sie bereits ein Studium abgeschlossen und wollen nochmals etwas vom 1. Semester an studieren, spricht man vom Zweitstudium. Dafür bewerben Sie sich nicht auf die übliche Weise, sondern müssen Ihr Abschlusszeugnis des Erststudiums und eine Begründung vorlegen. Verwechseln Sie es nicht mit einem Doppelstudium.

Zulassung

Nach dem Bewerbungsverfahren, bei dem man einen Antrag auf einen Studienplatz gestellt hat (siehe „Bewerbung"), erhalten die ausgewählten Bewerber einen Zulassungsbescheid. Diesen kann man annehmen oder ablehnen. Die endgültige Zulassung zum Studium kann in dem Bescheid noch an Bedingungen geknüpft sein, etwa das Einreichen bestimmter Unterlagen. Damit kann man sich nun einschreiben (siehe „Immatrikulation") und zum Semesterbeginn mit dem Studium starten.

Zulassungsbeschränkung

Eine Beschränkung der Zulassung besteht immer dann, wenn sich an einer Hochschule mehr Studieninteressierte bewerben, als es Studienplätze gibt. Dann ist der Notendurchschnitt im Abitur relevant und es heißt, dass der Studiengang einem NC (siehe auch „Numerus clausus") unterliegt. Es können auch weitere Kriterien, wie beispielsweise Wartesemester, bei der Zulassung eine Rolle spielen.

Literatur

Abi-Materialien: „Selbsterkundung", Nürnberg: Bundesanstalt für Arbeit (Hrsg.) 1994

Abi-Materialien: „Entscheidung", Nürnberg: Bundesanstalt für Arbeit (Hrsg.) 1995

Borg, Ingwer; Braun, Michael & Häder, Michael: Arbeitswerte in Ost- und Westdeutschland: Unterschiedliche Gewichte, aber gleiche Struktur. In: ZUMA-Nachrichten 33, 17. Jg., Mannheim: Zentrum für Umfrage, Methoden und Analysen (Hrsg.) 1993, S. 64–82

„Erwartungen, Entscheidungen und Bildungswege. Studienberechtigte 2010 ein halbes Jahr nach Schulabgang", In: Forum Hochschule Nr.5, Hannover: HIS-GmbH (Hrsg.) 2012

Hackman, Richard & Oldham, Greg T.: Development of the job diagnostic survey". In: Journal of Applied Psychology, 60 (1975) 2, S. 159–170

Janis, Irving L. & Mann, Leon: Decision making. A psychological analysis of conflict, choice and commitment. New York: Free Press 1977

Klevenow, Gert-Holger: „Welche Werte sind Ihnen wichtig?", In: Abi Berufswahl-Magazin 5/96, S.12–13

Lörz, Markus, Quast, Heiko & Woisch, Andreas: Berufsfelder im Überblick. In: Berufswahl – Wege nach dem Abitur, Schweinfurt: Bundesagentur für Arbeit 2012

Paul, Gerhardt: Entscheidungshilfen im Studien- und Berufswahlprozess. Europäische Hochschulschriften. Frankfurt a. M.: Peter Lang 1884

Potocnik, R.: Entscheidungstraining zur Berufs- und Studienwahl. Bern: Huber 1990

Schmidt, P., Bamberg, S., Davidov, E., Herrmann, J. & Schwartz, Shalom H.: Die Messung von Werten mit dem

„Portraits Value Quenstionnaire“, in: Zeitschrift für Sozialpsychologie, 38 (4), 2007, S. 261–275

Schwartz, Shalom H.: Universals in the content and structure of values: Theoretical advances and empirical tests in 20 countries. In: M.P.Zanna (Hrsg.): Advances in experimental social psychology, Vol 25, S. 1–65, New York: Academic Press 1992.

Trapmann, Sabrina; Hell, Benedikt; Weigand, Sonja; Schuler, Heinz: Die Validität von Schulnoten zur Vorhersage des Studienerfolgs – eine Metaanalyse. In: Zeitschrift für Päd. Psychologie, Vol.21, Nr. 1, Bern: Hans Huber Verlag 2007

Watzlawick, Paul: Die Möglichkeit des Anderssein, S. 82. Bern: Hans Huber Verlag 2007 (6. Auflage)

Stichwörter